大展好書　好書大展
品嘗好書　冠群可期

現代人必備的知識——易經占卜（代序）

《易經》一向被視爲儒家群經之首，也是《世界四大元典》之一（中國的《易經》，西方的《聖經》，印度的《吠陀經》，伊斯蘭教的《古蘭經》）。其作者已無從稽考，《漢書・魏文志》：「易，人更三聖，事歷三古。」

三聖即伏羲、周文王和孔子：伏羲始作八卦，周文王被商紂王因於羑里獄中時，演繹成六十四卦，孔子作傳（古說孔子贊《十翼》，唐代以前並無異稱，至北宋歐陽修始疑，其後疑異漸多，但是無論出自誰家手筆，《十翼》在易學上的價值仍然崇高，並無絲毫動搖。）

三古指《易經》的產生、傳承、成書，經歷了上古（伏羲、女媧生活的新石器時期）、中古（夏、商、西周時期）和近古（春秋戰國以後，距今約二千五百多年）三個大的歷史時期。

故易經向來被認定是中華文化的根源，歷代帝王及王侯將相均奉《易經》爲立身處事治國的圭臬，所以《易經》又被尊稱爲「帝王之學」或「天人之學」。

《易經》其實是當時筮官的占卜紀錄集成，秦始皇焚書坑儒，除了醫藥、卜筮、農耕及收有秦代紀錄的書外，均予集中燒毀。《漢書・儒林傳》：「及秦禁學，易爲筮卜之書，獨不禁，故傳授者不絕也。」易經因是卜筮之書，才能倖免於秦火。《繫辭傳》：「易與天地準，故能彌綸天地之道。」易經，廣大悉備，其大無外，其小無內。大至自然界的變遷、人類社會的歷史進程，小到一個卦當中的某一個卦爻、某一個地支都有陰陽的消長變化，所以說易經是卜筮之書，但又不僅僅是卜筮之書，小而言之，可以趨吉避凶，應用到高深處則如《繫辭傳》所說：「以通天下之志，以定天下之業，以斷天下之疑。」所以孔子讀易，韋編三絕，又說：「加我數年，五十以學易，可以無大過矣。」

古時王侯將相身邊不乏如管輅、東方朔善於占卜的謀士，主子有狐疑時，藉由占卜提供進退吉凶的資訊；政治體制上又設立有太卜的官職，國家大事，如冊立繼承人、戰爭、農耕、田獵、婚媾、祭祀等都須經由太卜把筮得的資訊揉合了當時的環境，加以推理斷定其事的取向，然後向君上獻謀，最後成爲決策；地方上也設有卜筮之官，專門掌理占卜事，應民衆請求，解答他們的疑惑。

《易經》的預測功能在中國幾千年來相襲沿用，歷代不竭，事蹟記載於不同年代的不同文書中，已是無庸置疑的事實。

現代人拜科技發達之賜，資訊的掌握，比古人更豐富也更容易獲得，但是，生活的環境、遭遇的人事，也變得更多元更複雜，面對事情時，憑著自己的學識、知識、經驗，從各種角度思考分析，最後還是無法做下抉擇的情形，較之古人實有過之而無不及，觀察近代宗教活動盛行，媒體術數猖獗的情況，足徵筆者所言不差矣。

解析人生的波段起伏、六親緣分、財利適性，祿命之術（子平、斗數）有其獨到的應驗程度，但對於事情的對象是複數時，例如謀職，理想公司有二、三家；結婚，適婚對象有二、三人，一時一事的決定，則非易經占卜不能爲也。但是，當今執業占卜，以術謀生，流於俗末，譁衆取寵者衆；深於易理，慈悲度人者寡，所以易經占卜，是現代人必備的知識，具備了易經占卜的知識，自卜卜人，是自助助人，天助自助也。

易盧主人　林　幾

目錄

一、預備知識

《易經》是遠古筮官占筮的紀錄集成，一事一占，本來是獨立的結論，並無相連，經歷代先賢的編排組合，形成今日包含《經》、《傳》兩個主要內容的《易經》。

《經》是《易》的原文，包括卦、卦辭、爻辭三部分。六十四卦中的前三十卦，始於乾坤終於坎離，是為上經；後三十四卦，始於咸恆終於既濟未濟，是為下經。《傳》是解釋說明《經》的文字，包括《繫辭傳》、《彖傳》、《象傳》、《文言傳》、《說卦傳》、《序卦傳》、《雜卦傳》共七篇，因為《繫辭傳》、《彖傳》、《象傳》三篇各分為上下，稱為「十翼」。

以「鼎」卦爲例

【卦符或稱卦畫】

䷱鼎【卦名】：元吉，亨。【卦辭】

彖曰。鼎，象也。以木巽火，亨飪也。聖人亨以享上帝，而大亨以養聖賢。巽而耳目聰明，柔進而上行，得中而應乎剛，是以元亨。【彖辭】

象曰。木上有火，鼎；君子以正位凝命。【象辭】

初六。鼎顛趾。利出否。得妾以其子。無咎。【爻辭】

象曰。鼎顛趾。未悖也。利出否。以從貴也。【象辭】

九二。鼎有實。我仇有疾。不我能即。吉。【爻辭】

象曰。鼎有實。慎所之也。我仇有疾。終無尤也。【象辭】

九三。鼎耳革。其行塞。雉膏不食。方雨虧悔。終吉。

象曰。鼎耳革。失其義也。

九四。鼎折足。覆公餗。其刑渥。凶。

象曰。覆公餗。信如何也。

六五。鼎黃耳金鉉。利貞。

象曰。鼎黃耳。中以為實也。

上九。鼎玉鉉。大吉無不利。

象曰。玉鉉在上。剛柔節也。

本書以占卜為主，故將專注在卦象、卦辭、爻辭方面，「十翼」部分僅採用時，間或條列，以免浪費篇幅。

(1) 八卦由來

《繫辭下傳》：「古者包羲氏之王天下也，仰則觀象於天，俯則觀法於地，觀鳥獸之文與地之宜。近取諸身。遠取諸物，於是始作八卦，以通神明之德，以類萬物之情。」八卦是中國偉大的發明，利用簡單的二元（陰陽）符號，描述天地萬物的消長變化、進退情態，故而天文、地理、政治、人事無所不能包涵。

八卦的演義與功能正如《繫辭下傳》所說的：「易有太極是生兩儀，兩儀生四象，四象生八卦，八卦定吉凶，吉凶生大業。」太極，就是毫無人為造作的自然狀態，一切事物渾然天成，始而復終，終而復始，無窮無盡，所以說「始於無始，窮於無窮」，天地之造化也，然後人「用事」，天地人三才具備，於是氣之輕清者上浮為陽，氣之重濁者下凝為陰，所謂「太極動而生陽，靜而生陰」者也。一陰一陽，互為其根，這就是兩儀，以⚊代表陽；⚋代表陰。世間萬物沒有恆靜不易者，也沒有永遠變動不居的，所以動極復靜，靜極復動，互為互靜，衍生出四象：

⚌動之極也，是為老陽（太陽）屬火；

⚍動極而靜也，是為少陰，屬金；

⚎靜極而動也，是為少陽，屬木；

⚏靜之極也，是為老陰（太陰），屬水。

四象分位而五行齊備（土分佈四象之中），各有動靜，剛交於陰，陰交於剛，陽交於柔，柔交於陽。太陽之上，再複一陽以成乾卦，居其一，太陽之上，再複一陰以成兌卦，居其二，少陰之上，再複一陽以成離卦，居其三，少陰之上，再複一陰以成震卦，居其四，少陽之上，再複一陽以成巽卦，居其五，少陽之上，再複一陰以成坎卦，居其六，太陰之上，再複一陽以成艮卦，居其七，太陰之上，再複一陰以成坤卦，居其八，發展成八卦。

欽定四庫全書

易象圖說內篇卷中

元 張理 撰

原卦畫一

天地設位

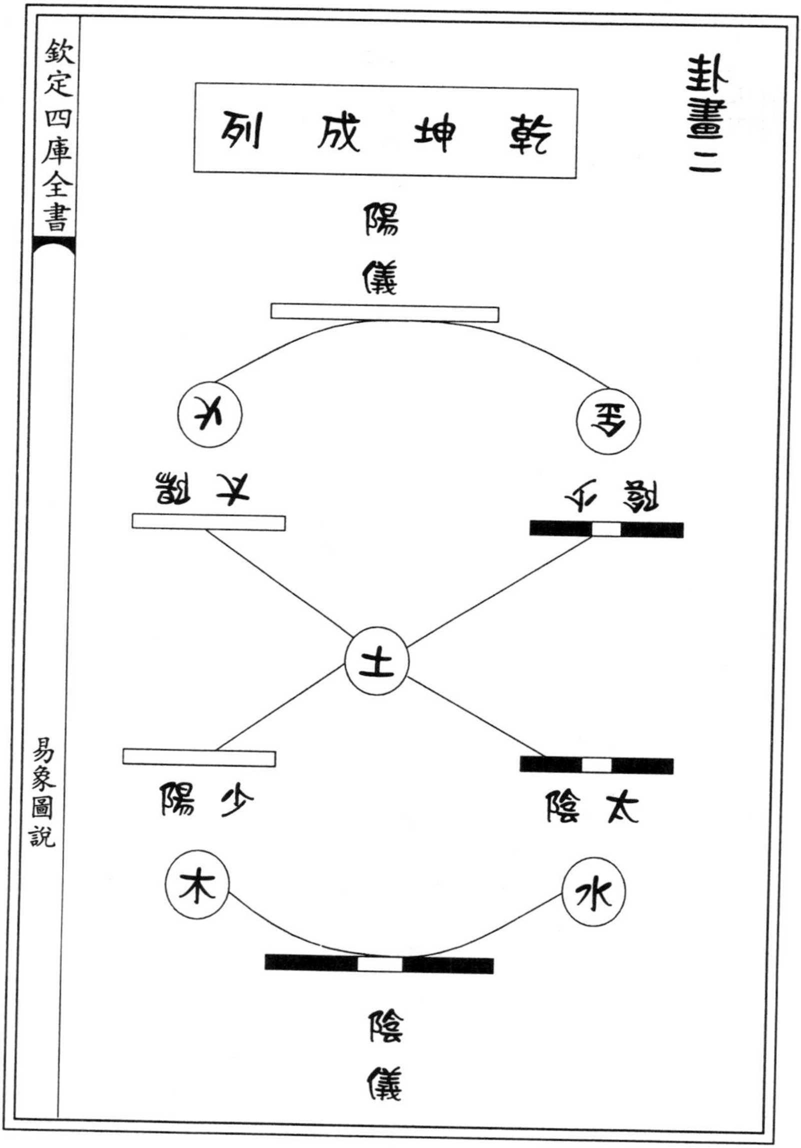
欽定四庫全書
二畫卦
乾坤成列
陽儀
火
金
太陽
少陰
土
少陽
太陰
木
水
陰儀
易象圖說

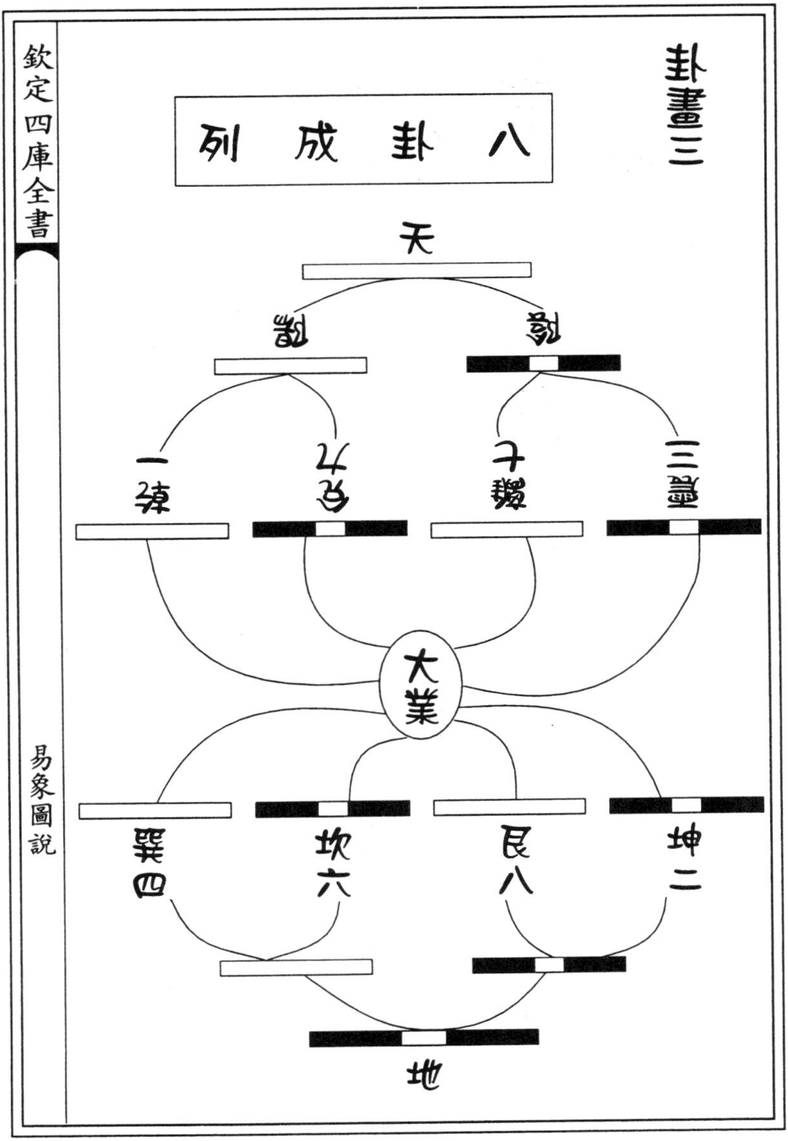
欽定四庫全書
易象圖說
三畫卦
八卦成列
天
大業
地

【先後天八卦】

《易經・說卦傳》天地定位，山澤通氣，雷風相薄，水火不相射，八卦相錯。即所謂先天八卦或伏羲八卦。

《易經・說卦傳》帝出乎震，齊乎巽，相見乎離，致役乎坤，說言乎兌，戰乎乾，勞乎坎，成言乎艮。即所謂後天八卦或文王八卦。

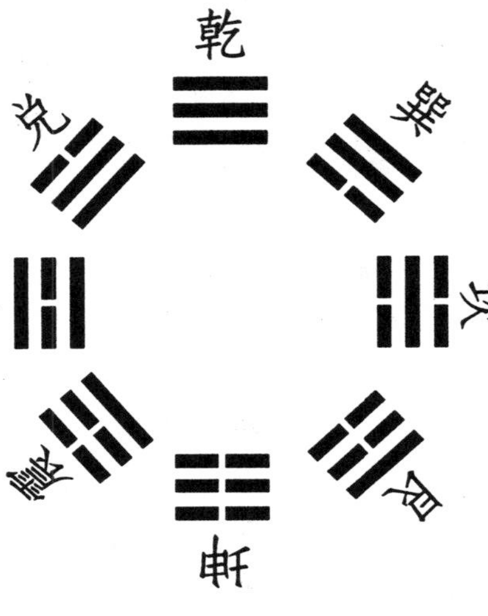

八卦先天圖

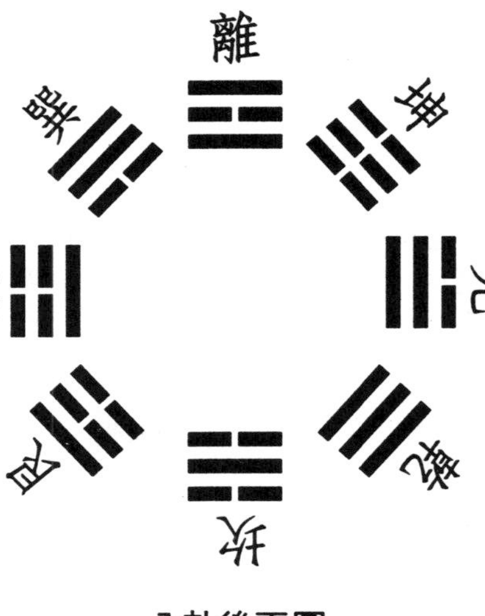

八卦後天圖

八	七	六	五	四	三	二	一
坤	艮	坎	巽	震	離	兌	乾
陰太		陽少		陰少		陽太	
陰				陽			

(2)八卦的象與數

由太極、兩儀、四象衍生八卦的順序而得八卦之數：乾一、兌二、離三、震四、巽五、坎六、艮七、坤八，如上圖可一目了然。

易經是觀象繫辭，先有卦畫，後繫其辭而成書。象者像也，像就是彷彿近似，所以八卦取象，有的是像其卦德（內涵），有的是像其卦畫（外形），或兼而取之，所以八卦的象，真的是包羅萬象，易經初學者，常望「象」興嘆而不知所措，以下卦象的介紹以八個卦一組，針對同一事項來取象，如此讀者很快就能揣摩出卦象的真正意義。

【八卦方位躔次】

伏羲仰觀天文以畫八卦，故日月星辰之行度運數，十日四時之屬，凡麗於天之文者，八卦無不統之。

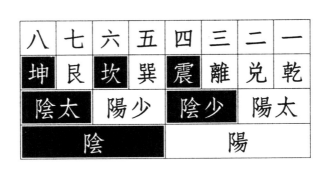

仰觀天文圖

南
北
東
西
離
坤
兌
乾
坎
艮
震
巽
角
亢
氐
房
心
尾
箕
斗
牛
女
虛
危
室
壁
奎
婁
胃
昴
畢
井
星
張
夏至日
秋分日
春分日
冬至日
日月五星
起於牽牛

【八卦取象】

像　《象》**卦德**

☰ 乾三連，《天》**健**。動。乾君，乾剛。乾父。

☱ 兌上缺，《澤》**說**。決。兌說，兌見。少女。

☲ 離中虛，《火》**麗**。明。日烜，離上。中女。

☳ 震仰盂，《雷》**動**。行。雷動，震起。長男。

☴ 巽下斷，《風》**入**。齊。風散，巽伏。長女。

☵ 坎中滿，《水》**陷**。險。雨潤，坎下。中男。

☶ 艮覆碗，《山》**止**。成。艮止，艮止。少男。

☷ 坤六斷，《地》**順**。靜。坤藏，坤柔。坤母。

卦由爻構成，爻分陰陽，陰陽對待就是太極圖的涵義所在，也是中國文化精粹，它提供一個顛撲不破，放諸四海皆準的概念《相對性》。日月運行是相對的，所以日陽月陰；男女有別，男陽女陰；山水有情，山陰水陽。所謂「孤陰不生，孤陽不長」，宇宙萬物，天人地，只要存在，就有陰陽，此太極圖陽中有陰，陰中有陽之真義也，故卦亦有陰陽之分，用陰陽來表示天地萬物之《相對》存在特質，於是就有：陽剛陰柔、陽尊陰卑、陽向陰背、陽顯陰隱、陽動陰靜、陽大陰小、陽順陰逆、陽明陰暗、陽左陰右、陽闢陰闔、陽奇陰偶。

古字的日、月兩個字組成「易」這個字，易有三個意義：變易、不易、交易。不同的時間，日昇月落的位置會有所遷變，變易；太陽永遠是太陽、月亮永遠是月亮，這是不會改變的，不易；日昇月落循環不已，是交易。

觀卦取象，除了前面所說爻的陰陽觀念外，還有一個看卦的基本原則「以少領多」，所以陽卦多陰爻，例如震卦可表長男，其卦一陽爻在下，上有兩個陰爻；陰卦多陽爻，例如兌卦可表少女，其卦一陰爻在上，下有兩個陽爻。

乾【健】，坤【順】，兌【說】，離【麗】，震【動】，巽【入】，坎【陷】，艮【止】，習稱卦德，以一個字表明八卦的性情，許多象義都是卦德衍生出來的，也可以說各種演繹出來的象義，皆脫不了卦德。

乾，三畫都是陽爻，陽為剛，為純剛之象，故健；坤，三畫都是陰爻，陰為柔，純柔之象，故為順；兌一陰在二陽之上，開口於上，故說；離，一陰居二陽之中，柔順而附剛，故麗；震，一陽生於二陰之下，陽主動，排陰而上，故為動；巽，一陰伏于二陽之下，有如風之無孔不入，故入；坎，一陽在二陰之中，陽被陰所掩，故陷；艮，一陽在二陰之上，陰無所進，故止。

天地夫婦，本同一理，乾天也，在人倫則為父，坤地也，在人倫則為母。所謂「乾坤生六子」，即乾初爻交坤成☳震，震為長男；坤初爻交乾成☴巽，巽為長女；乾中爻交坤成☵坎，坎為中男；坤中爻交乾成☲離，離為中女；乾上爻交

白	晴	金	首	腦	圓	戌亥 時時	初初 冬晚	首	馬	☰	乾
白金	小 雨	金	口	肺	短	酉 時	秋	口	羊	☱	兌
紅	晴 天	火	目	心	虛	午 時	夏	目	雉	☲	離
青綠	雷 雨	木	足	肝	大	卯 時	春	足	龍	☳	震
青碧	風	木	股	膽	長	巳辰 時	初晚 夏春	股	雞	☴	巽
黑	雨	水	耳	腎	實	子 時	冬	耳	豕	☵	坎
棕	有 雲	土	手	胃	小	寅丑 時時	初晚 春冬	手	狗	☶	艮
黃	陰	土	腹	脾	方	申未 時時	初晚 秋夏	腹	牛	☷	坤

時辰	起迄時間
子	23：00～01：00
丑	01：00～03：00
寅	03：00～05：00
卯	05：00～07：00
辰	07：00～09：00
巳	09：00～11：00
午	11：00～13：00
未	13：00～15：00
申	15：00～17：00
酉	17：00～19：00
戌	19：00～21：00
亥	21：00～23：00

坤成☶艮，艮為少男；坤上爻交乾成☱兌，兌為少女。三男三女，陰陽相推，生生化化而無窮，善觀易的人，反求諸己，可以自得矣。

【重卦爻象】

卦的一畫稱爻，三畫組成一個「卦」，稱為「單卦」或「經卦」。兩個單卦相疊組成一個六畫卦，稱為「重卦」、「別卦」或「大成卦」。重疊兩卦在上的稱為「外卦（或悔卦）」，在下的稱為「內卦（或貞卦）」。

經卦有八個（即八卦），兩兩組合，總計有六十四組，每一組有一個卦名，六十四卦中，取單名者有四十九，取雙名者十五，分為上經三十卦，下經三十四卦，周易有特定的順序，凡學易經，周易的卦序是基本功，一定要熟悉的，序卦古訣如下：

乾坤屯蒙需訟師，比小畜兮履泰否。
同人大有謙豫隨，蠱臨觀兮噬嗑賁。

剝復無妄大畜頤，大過坎離三十備。
咸恆遯兮及大壯，晉與明夷家人睽。
蹇解損益夬姤萃，升困井革鼎震繼。
艮漸歸妹豐旅巽，兌渙節兮中孚至。
小過既濟兼未濟，是為下經三十四。

二十五頁表乃六十四卦的另一種排列方式，通常稱為「伏羲八宮卦序」。例如乾宮八卦即為乾、夬、大有、大壯、小畜、需、大畜、泰。

大成卦共六爻，爻有貴賤等第的分別，稱為「爻位」，由下往上，第一爻稱「初」，第六爻稱做「上」，其餘則如其位階之數稱為「二、三、四、五」爻，陽爻稱「九」，陰爻稱「六」。除初、上兩爻，先稱爻位，後稱陰陽外，皆先稱陰陽，後稱爻位，例如「乾」卦六爻皆為陽爻（稱九），其爻依序為初九、九二、九三、九四、九五、上九；「坤」卦六爻皆為陰爻（稱六），其爻依序為初六、六二、六三、六四、六五、上六。

		天	☰	澤	☱	火	☲	雷	☳	風	☴	水	☵	山	☶	地	☷
天	☰	䷀	乾	䷉	履	䷌	同人	䷘	無妄	䷫	姤	䷅	訟	䷠	遯	䷋	否
澤	☱	䷪	夬	䷹	兌	䷰	革	䷐	隨	䷛	大過	䷮	困	䷞	咸	䷬	萃
火	☲	䷍	大有	䷥	睽	䷝	離	䷔	噬嗑	䷱	鼎	䷿	未濟	䷷	旅	䷢	晉
雷	☳	䷡	大壯	䷵	歸妹	䷶	豐	䷲	震	䷟	恒	䷧	解	䷽	小過	䷏	豫
風	☴	䷈	小畜	䷼	中孚	䷤	家人	䷩	益	䷸	巽	䷺	渙	䷴	漸	䷓	觀
水	☵	䷄	需	䷻	節	䷾	既濟	䷂	屯	䷯	井	䷜	坎	䷦	蹇	䷇	比
山	☶	䷙	大畜	䷨	損	䷕	賁	䷚	頤	䷑	蠱	䷃	蒙	䷳	艮	䷖	剝
地	☷	䷊	泰	䷒	臨	䷣	明夷	䷗	復	䷭	升	䷆	師	䷎	謙	䷁	坤

六個爻位可依所卜問事項，代表六個方向時空狀態，蘊涵事物的起始、變化、發展、終止等陰陽進退吉凶過程。可取錯卦，看隱伏不顯的內質；可取互卦，看事情過程的轉化；可取綜卦，主客易位，可以設身處地，更全面地審度時勢。

易經因其以簡御繁，故能至小無內，至大無外，以六十四卦，三百八十四爻，森羅萬象，以卦辭、爻辭示我趨避之道，故能成其究明天地萬物，人事情狀的一門預測學。

上述提到的斷卦觀念圖示如下。

天	上爻	▅▅ ▅▅	上六	陰位	
	五爻	▅▅▅▅▅	九五	陽位	中位
人	四爻	▅▅ ▅▅	六四	陰位	
	三爻	▅▅▅▅▅	九三	陽位	
地	二爻	▅▅ ▅▅	六二	陰位	中位
	初爻	▅▅▅▅▅	初九	陽位	

爻居二或五，為「得中」。陽爻居陽位，陰爻居陰位，為「當位」或「得位」。

六爻表示地位尊卑

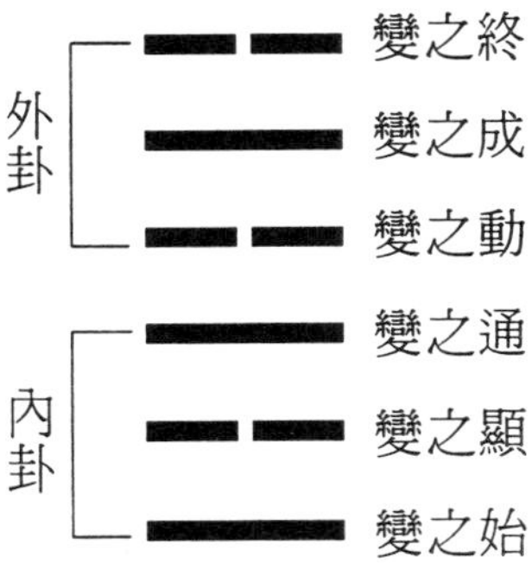

六爻表示變化的過程

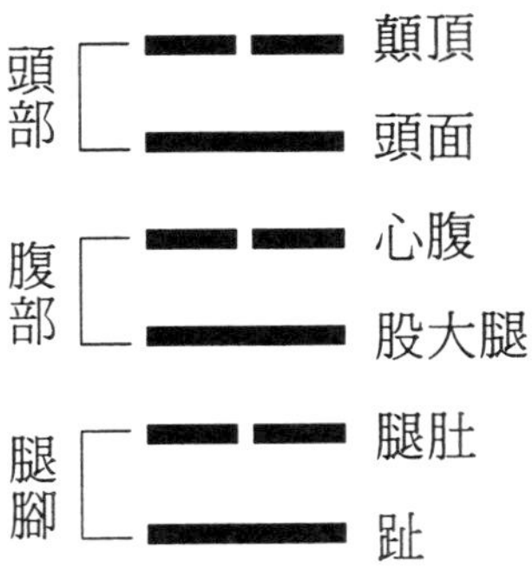

六爻表示身體部位

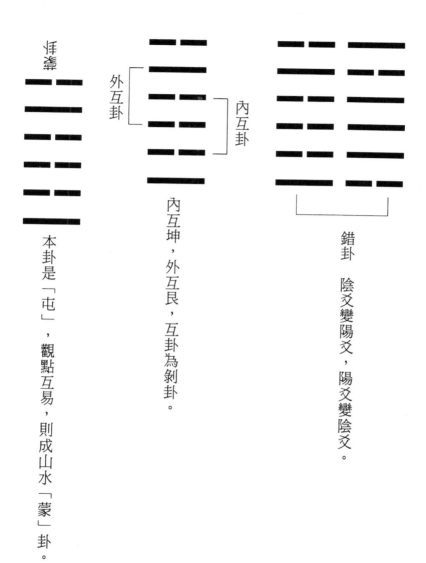

錯卦　陰爻變陽爻，陽爻變陰爻。

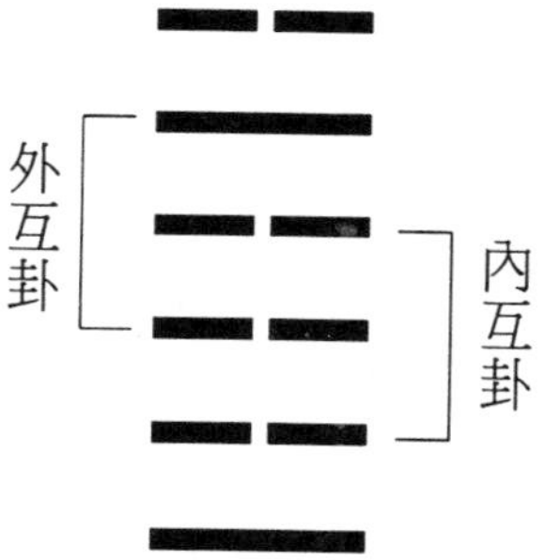

內互坤，外互艮，互卦為剝卦。

本卦是「屯」，觀點互易，則成山水「蒙」卦。

【應比承乘】

大成卦每卦有六爻，由下往上排列。將它看成兩個經卦，四爻相當上卦的初爻，五爻相當上卦的二爻，上爻相當上卦的三爻，所以初爻與四爻，二爻與五爻，三爻與上爻就成了對應的關係，稱為「應」，應的關係是一種呼應、應援，兩爻一陰一陽相應為「正應」，同陰陽為「敵應」。凡是兩個相鄰的爻稱為「比」，比鄰的意思，兩爻若一陰一陽稱為「親比」，兩爻同陰或同陽為「敵比」。相鄰兩爻的關係，由下爻看上爻稱為「承」，承接、背的意思，由上爻看下爻稱為「乘」，駕馭、騎的意思，通常以陽爻乘陰爻，陰爻承陽爻為順，陰爻乘陽爻，陽爻承陰爻為逆。

(3) 八卦納五行

所謂八卦納五行，就是八卦配水火木金土也。五行納卦，則卦情更顯，參以卦象卦辭佐以五行生剋，木生火、火生土、土生金、金生水、水生木，相生為吉，木剋土、土剋水、水剋火、火剋金、金剋木，相剋為凶，在卜卦推斷卦吉凶時，能更靈活周全。

坎納水，旺於冬；離納火，旺於夏；震巽納木，旺於春；乾兌納金，旺於秋；坤艮納土，旺於辰、戌、丑、未月。

水火木金土，本為陰陽兩儀發展之五種氣化，其性浮動，斯稱五行，但此五種氣化，又各分為陰陽，就是天干的五行：水分壬癸，火分丙丁，木分甲乙，金分庚辛，土分戊己，壬丙甲庚戊屬陽，癸丁乙辛己屬陰。凡此先天浮動之氣化，降為後天作用之氣化，是為十二地支，所以十二地支亦有五行之分，示如下表。

地支	數字	五行
子	1	水
丑	2	土
寅	3	木
卯	4	木
辰	5	土
巳	6	火
午	7	火
未	8	土
申	9	金
酉	10	金
戌	11	土
亥	12	水

二、占卜的方法

(1)古筮法

Ⅰ選一個清靜的地方，摒除雜念，澄明心境，把所要卜問的事默想一會，專心禱念：「今有○○○有事關心，憂疑難解，敬請神靈，惠賜指示。」

Ⅱ從五十根筮草中取出一根，放回筮筒，始終不用，象徵太極。

Ⅲ將餘下的四十九根隨意分開，握於兩手，左手象徵天，右手象徵地。

Ⅳ從右手中抽出一根，夾在左手無名字及小指間，象徵人；

Ⅴ放下右手中的筮草，用右手數左手中的筮草，每四根一組，象徵四季；直到餘下四根，或四根以下，就把它們夾在左手中指及無名指間，象徵閏月；

Ⅵ再用左手數剛才由右手放下的筮草，每四根一組，最後餘下四根或四根以下，把它們夾在食指及中指間，象徵五年閏月二次。

Ⅶ將第一次演算後餘下的筮草，重新隨意分成兩組，再重復Ⅴ及Ⅵ；

Ⅷ將第二次演算後餘下的筮草，同樣地演算一次。

完成上述步驟，才算完成一爻；要完成一卦，須要六爻。

此時，三變中第一變的餘數必定是九或五，第二變、第三變都是八或四，而九與八是多數，五與四是少數，根據左表做記錄：

餘數	屬性	代數	記號
二多一少	少陽，不變爻	七	、
二少一多	少陰，不變爻	八	、、
三少	老陽，變爻	九	○
三多	老陰，變爻	六	×

舉例來說，經過以上步驟後的餘數，分別是九、八、四（少陽），五、八、八（少陽），九、四、八（少陽），五、四、八（少陰），九、八、八（老陰），五、八、四（少陰）。記錄結果，必須由下而上，這樣得到的就是䷊「泰」卦，但第五爻是老陰，老陰就是陰極了，要變陽，成為䷄「需」卦，整

個過程稱為卜「遇泰之需卦」，遇指本卦，之指變卦，亦即卜到的是泰卦變為需卦。

(2)錢幣占法：澄明心境祝禱，一如古筮法步驟Ⅰ

依據唐代《儀禮正義・士冠禮》所說的原則，用三個銅錢拋擲六次，兩個面一個背時是少陽；兩個背一個面時是少陰；三個皆背時是變爻老陽（陽變陰）；三個皆面時是變爻老陰（陰變陽）。第一次得初爻，第二次得二爻，……第六次得上爻，這樣六次就可以由下而上得到全卦。

(3)骰子占法：澄明心境祝禱，一如古筮法步驟Ⅰ

八面的骰子兩顆，八面分別表示八個經卦，紅色骰子代表上卦，黑色骰子代表下卦，六面的骰子一顆上有數字一至六，代表動爻。三個骰子一起撒下，即得全卦。

如下圖，稱為卜遇賁（山火賁）之大畜（動二爻變山天大畜）。

離
艮
二

三、占卜的禁忌

①無事不占：平常無事，隨意而占則不靈驗。
②不動不占：必須有所感觸而占。
③不誠不占：占卜在決疑，把占卜當遊戲玩樂者，不驗。
④煩瑣不占：一人一日只卜二三事。
⑤一事一占：一次針對一件事卜問，而且同一件事不能重複占卜。
⑥非位不占：占問的事情與你無關，或該事與你身份地位不合，不是你該問的，不驗。

下則新聞為一實例：

據九十五年十一月二十五日《蘋果日報》娛樂名人版載，由江姓、蔡姓、另位江姓等三位占師預測金馬獎得主，分別得出：

男主角：李燦琛，占得雷火豐，最具得獎運。

吳鎮宇，占得山火賁，落敗。

郭富城，預測運勢不如李。

女主角：李心潔，占得天地否，得獎運不高，有機會成為黑馬。

迅，占得風天小畜，明年將大放異彩。

男女配角：張孝全，占得水山蹇，可能成為黑馬。

杜汶澤，占得天水訟，意外落馬。

覃恩美，占得風澤中孚，明後年才有機會。

趙薇，占得山澤損，得獎機會不高。

最佳男女配角：吳景滔，三位命理師無一看好。

謝欣穎，只得一票。

十一月二十六日載金馬獎得主：男主角，郭富城。女主角，周迅。男配角，吳景滔。女配角，謝欣穎。

幾位命理師隨業玩弄，四個大獎全槓龜，何也？

這是因為這些命理師沒有正確的命理概念，以為什麼事都可以由自己去占去卜。不知不可以無問而自占、不可以非其位而占，其出醜也就不足為奇了！

四、斷卦的原則

占卜的完整過程，開始於有疑而不決，有惑而難解，進而求助於卜問，問而得卦，依卦斷事，明示其吉凶進退，趨避之道，至此畫下完美句點。

卜問前，宜將想問的事情仔細思考，整理成簡單明確的問題，占卜過程要保持心靜意誠的狀態，所謂「至誠無息」是也。

斷卦首重卦象，卦象是一定不變的，卦象本身本無吉凶，卦象應事應時後，吉凶乃生焉；次看上卦（用卦）下卦（體卦）的生剋，通常，用生體、體剋用為吉，用剋體、體生用為凶；再參酌卦辭、爻辭（但莫拘泥）。

卦象吉，體用的剋應也吉者，吉；卦象凶，體用的剋應也凶者，凶；卦象凶，體用吉者或卦象吉，體用凶者，為可吉可凶，再依據卦辭、爻辭行吉凶之判斷。

「易無定法」，上述是原則，並非一成不變，一卦之吉凶，須慮及斷卦當時的外在條件如何，靈活變通推斷事情的發展。推斷的方法千變萬化，難以言喻，讀者除從本書六十四個占例中揣摩解卦心法外，自己多作卜卦解卦練習，活用才能體會「易者易也，變易也，不易也」的深義。

五、六十四卦直解

䷀ 乾　乾爲天

乾為純陽之卦，大象「健行」，剛健不息，無形無跡，具有主宰之作用，表示一切動能鼓舞啟發之現象，在人如精神發用，啟迪文明。人物表示為上級，領導，當官的，君子。為堅剛之物、貴重之物。

【詩曰】六陽純一天行健，風虎雲龍聚會時，剛健身持恆不息，功名榮顯決無疑。

【斷曰】乾者健也，事宜專一，人口安康，田蠶進益，問病獲安，占官轉職，所謀必成，所求皆得。

陽剛陰柔，乾卦六爻全陽，有剛硬之象，陽剛之氣最足，象徵政府機關、公安檢察、法院等具有剛正、權威之象的人、事、物。占得乾卦剛健不息，就是辛苦，要自強不息才能所求得遂。

䷁ 坤　坤爲地

坤為純陰之卦，大象「地勢」，地乃萬物賴以生存的大環境，勢是指形勢、大勢，必須隨順大眾趨向，或主動或被動，合之正道，便能德合無疆，可以厚德載物。柔順而凝聚，有質有體，具有完成之作用，表示一切靜在含蘊成長之現象，在人如厚積多睿，樹立形勢。人物表示為卑順的人、小人。坤六爻皆虛，物有破裂之象。

【詩曰】六位純陰地勢坤，先迷後得永安貞，包容廣大無私曲，應地無疆道大亨。

【斷曰】坤者地也，厚載無疆，家宅俱順，婚孕乃良，田蠶半吉，財帛榮昌，功名特達，其道乃光。

坤為藏，有入無出，吝嗇小氣，由地載萬物引申為大車、眾多，柔順是卦德，六爻全陰，過分柔順所以又有不分好壞，執迷不悟的性質。占得此卦，要順從大局，不順從則凶。

䷂ 屯　水雷屯

屯卦震下坎上，大象「雲雷」，雲下沉而雷上起，剛柔始交而難生之象，因為乾不能終為乾，坤不能終為坤，乾坤交而萬物始生，故於乾坤兩卦之後，繼之為屯。震一陽動於二陰之下，為內卦，動而始交。坎一陽而外陷於二陰之中，為外卦即險在外，初始雖艱難，但不失其居處和立業。

【詩曰】雲雷屯卦無攸利，君子經綸惟利貞，藏器待時資輔助，自然屯散道光亨。

【斷曰】屯者難也，元有亨義，目下未伸，到頭必遂，一切經營，悉皆遲滯，見貴求官，先難後易。

屯為草木萌芽於地，但萌芽過程既充滿生機又有艱辛；還有停頓、屯積、駐紮之意。測事有集貨、囤積之象，或事物剛剛形成、生成。為四大難卦之一，天地初交之後的第一卦，難關很多，每一爻都有其困難的地方。

䷃ 蒙　山水蒙

蒙卦坎下艮上，大象「山下出泉」，泉之為水，僅係源頭，其流猶淺，蓋物自出生，必經稚幼之階層，故於屯卦之後，繼之為蒙。山下有險，險而止，陰陷而不定，複雜而顯著。童蒙，蒙昧，啟蒙，教育，教化。

【詩曰】艮山之下出泉蒙，見險須知止有功，進退艱難謀未遂，仗人接引必亨通。

【斷曰】蒙者昧也，蒙以養正，未可營謀，卻宜占病，失物異尋，婚姻無分，一切求謀，仗人引進。

上卦山代表難關阻礙，下卦坎代表險，險在內，自己懵懵懂懂，蒙昧無知而致禍。占得此卦的吉凶視問事者身分而不同，基層人員吉，只要不灰心，繼續地努力，就會愈來愈順心如意。高階人士則凶，無法度過難關。

需　水天需

需卦乾下坎上，大象「雲上於天」，天上有雲，雖未及雨，而甘霖可待，蓋物在穉幼之時，必得滋潤涵養，故於蒙卦之後，繼之為需，以示物為生存各有所需之現象。待時而進，需要，等待，期待。

【詩曰】水上於天需等待，健而行險事艱危，報言卜者休輕進，克己存誠且俟時。

【斷曰】需者待也，不宜輕舉，所謀不成，出入險阻，婚姻宜男，六甲生女，藏器待時，事無不取。

等待時機的卦，水在上就是雲，天上面有雲，代表局勢已成，只差臨門一腳，要有耐心等待良好的時機到來，凡事操之過急反而會失敗。占得此卦，只要小小改變就能如願。

䷅ 訟　天水訟

訟卦坎下乾上，大象「天與水違行」，言其各持一端，兩相扞格，蓋需要不能滿足，斯有扞格之爭持，故於需卦之後，繼之為訟，以示物有爭持背道而馳之現象。官非口舌，爭訟，不親近。

【詩曰】天與水連成訟象，訟中雖吉訟終凶，大凡作事慎謀始，循理安常塞自通。

【斷曰】訟者辨也，與物相競，凡事爭差，營謀不定，公訟辱身，禁囚傷命，安分安常，斯為福慶。

阻塞不通，無情的卦，憂愁煩心之事接連不斷，遭旁人懷疑誤解，無法溝通。占得此卦，表示自己實力不足，處於進退兩難的局面，「訟」字從言從公，要打破窘境，事情攤開在陽光下，獲取公評，才能扭轉自己的劣勢。

䷆ 師　地水師

師卦坎下坤上，大象「地中有水」，水在地中，可以密集不散，溶為一體，蓋物有爭持，則必密集群體以赴，故於訟卦之後，繼之為師，以示物依其類密集成群之現象。聚集群眾，興師動眾，統領，統帥，軍隊。

【詩曰】地中有水為師象，畜眾容民用儉行，至正至中無過失，喜生憂散大光明。

【斷曰】師者眾也，不利占身，求官雖吉，見貴遭嗔，休占財帛，莫問行人，病人遲痊，家宅災迍。

一陽卦，坤主群眾，有浩浩蕩蕩、眾多參與帶領群眾之象，唯一的陽爻得中不得位，地位卑賤，群眾不一定聽從，所以占得此卦，唯有以光明正大的理由號召才得，互卦上坤下震，震為車，上面都是陰爻，表示載滿屍體的車子，故表示師卦凶時，會連累很多人。

䷇ 比　水地比

比卦坤下坎上，大象「地上有水」，水流地上，則交相傾注，蓋群體之能維持，厥賴相輔而行，故於師卦之後，繼之為比，以示兩情親近合為一流之現象。

【詩曰】水地相因名曰比，五陰和順一陽剛，因時從眾須乘勢，稍有稽遲反輔助互比，親善幫助，融洽。致殃。

【斷曰】比者輔也，陰來輔陽，官貴旺相，身宅安康，訟病解散，婚姻吉祥，一切謀運，和順乃光。

九五陽剛君位至中至正，下五陰爻追隨依附於君，和平共處而吉祥，成功比預期來得晚。

險在外，占得此卦，要安於內，安於工作，不要出去改變，但宜多結識實力相當的朋友，有助加強自己的運勢。

䷈ 小畜　風天小畜

小畜卦乾下巽上，大象「風行天上」，天氣將變，而為未雨之綢繆，蓋既親輔而比，則必預為基礎上之畜積，故於比卦之後，繼之小畜，以示預作準備而事畜積之現象。天上起風，滿天風雲，強健如順風而行，積少成多，自求充實，留住。

【詩曰】風行天上為小畜，陰止陽剛志未行，君子順行修懿德，身雖艱阻道光亨。

【斷曰】小畜止也，陽受陰畜，求望宜遲，經營勿速，失物莫尋，婚姻不睦，宅舍小憂，田蠶半熟。

一陰卦，一陰養五陽，力量不足，不得不暫時停頓，陽尊陰卑，卑控制尊很危險，所以占得此卦，小事吉，往往有口舌是非的出現，但不予計較則後續還有發展空間。

䷉ 履　天澤履

履卦兌下乾上，大象「「上天下澤」，天高澤低，乃由低而進於高，蓋畜之已久，必圖上進，故於小畜之後，繼之為履，以示合乎規則向前行進之現象。履行，慎行，審慎，循序以進，行不逾禮。

【詩曰】一個陰爻履五陽，雖行至險卻無殃，迴光反照前塵事，素履元來最吉祥。

【斷曰】履者禮也，以柔履剛，危中有救，險處無妨，弗占疾病，莫問官方，一切謀運，謹始榮昌。

履，禮也，指規矩、刑罰，遵守的規定。占得此卦，不要輕易觸犯規矩就能「履險如夷」，兌為少女，乾為天無所遮掩，故有婦人裸體之象，占婚主女人不正。

䷊ 泰　地天泰

泰卦乾下坤上，大象「天地交」，交則陰陽已和，而兩氣暢通，蓋有規則之行進，自獲暢通之結果，故於履卦之後，繼之為泰，以示氣化交流萬物暢遂之現象。安泰亨通，同泰，安穩，持盈，宏大，抑邪扶正。

【詩曰】天地交泰物亨通，陽長陰消理莫窮，健順相須為日用，小求大得備全功。

【斷曰】泰者通也，事事亨通，田蠶婚孕，喜慶重重，公訟利順，家道興隆，孕生貴子，改換門風。

大部分是外表平靜、安詳，而實際上卻有重重的困難。或初期順利，其後則有競爭，但亦有機會，不斷爭取則能成功。此卦老父在地下，若卜問生病的老父則主病危。

䷋ 否　天地否

否卦坤下乾上，大象「天地不交」，不交則陰陽相乖，而造成閉塞，蓋物極必反，通之極矣必塞，故於泰卦之後，繼之為否，以示閉塞不通物傷其性之現象。閉塞不通，阻隔，事不順暢。

【詩曰】天地不交物不生，達人晦德避時屯，不居榮祿安常分，傾否之時福自臻。

【斷曰】否者塞也，凡事閉塞，切慮官司，提防盜賊，家宅平安，田蠶少得，守分安常，災消集福。

三陰爻居內，三陽爻居外，有種小人主內政、君子靠外之象，以人事論為閉塞黑暗，小人得勢，君子受排斥之象；以家庭論，夫妻不和。天地閉，上下不交，占得此卦，問事業表示沒什麼發展機會，問病則換醫院或換醫生，病情有機會改善。

䷌ 同人　天火同人

同人卦離下乾上，大象「天與火」，火性與天光，兩者相同，蓋經否道而閉塞不通，彼此脫節，勢必謀同，故於否卦之後，繼之同人，以示物性求同親切相與之現象。志同道合，人相親近。

【詩曰】象曰天與火同人，契義相和利斷金，凡有營謀無不利，也須克正絕私心。

【斷曰】同人同也，同心同意，婚孕皆成，貴官俱遂，田獲十分，財收百倍，出入行藏，所求皆至。

同命相連、同行之人，若能心無成見，互相幫忙，就可以得到好結果。占得此卦，順其自然，就沒什麼好擔心的。

䷍ 大有　火天大有

大有卦乾下離上，大象「火在天上」，其所照者廣，所被者大，蓋與人同者，物必歸焉，而成共大，故於同人之後，繼之大有，以示光輝普照無所不覆之現象。富其所有，所有眾多，大有收穫。

【詩曰】火在天上為大有，順天休命育群生，光明普照無私曲，上下相通道大亨。

【斷曰】盛大豐育，所求必至，田宅昌榮，生財吉利，訟散病瘥，孕生婚遂，除卻出行，般般稱意。

一陰卦，火上天下，火在上表打雷，天上有雷，繽紛燦爛之象。六五得中不得位，陰爻乘著好多陽爻，陰乘陽柔昧不實，占得此卦，表面上什麼都有，氣勢最強的時候，像是花團錦簇一般，實則暗中帶有從此衰落之意。

謙　地山謙

謙卦艮下坤上，大象「地中有山」，山在地中，是山屈其高而藏於地，蓋欲長守其大，必須卑之無甚高，故於大有之後，繼之為謙，以示卑以自牧虛而有容之現象。恭敬合禮，屈己下人，退讓而不自滿，謙虛退讓，不矜不伐。

【詩曰】地下有山謙遜也，以謙自牧契真常，勞而不伐真君子，身愈謙卑道愈光。

【斷曰】謙者遜也，柔謙知止，弗利婚姻，休問遷徙，財帛休求，公訟宜已，身吉病瘥，行人至矣。

山應高於地，但將自己貶到地下，謙虛的形象，易經六十四卦唯有此卦六爻皆吉。外卦坤順，內卦艮止，表示應行則行，應止則止。此卦表示外在環境複雜，但自己像座大山，穩重謙厚，隨順環境，做事保守，不暴露鋒芒，所以是好的卦象。

䷏ 豫　雷地豫

豫卦坤下震上，大象「雷出地奮」，陽氣振奮，萬物因之和樂，蓋謙則能受，可以招致和樂，故於謙卦之後，繼之為豫，以示物被奮發而呈欣欣之現象。春雷一聲，震驚百里，驚天動地，影響大，名氣響亮。享受安樂，悅逸豫樂，即時握取。

【詩曰】雷出地中為豫象，豫而順動應天時，施為必得朋相助，官旺財榮事事宜。

【斷曰】豫者悅也，動以順豫，貴喜官榮，身安財聚，病者獲安，行人在路，一切施為，賢朋相助。

上震下坤，一陽上升到地面之上，裡外上下通暢，生機盎然，鼓舞振奮之象。坤順於下，震動於上，下內卦為止，不進，豫悅，安於現狀也。上內卦有動而藏險之象，所以要注意時間的變化，不能妄動，要被動而合時宜。

䷐ 隨　澤雷隨

隨卦震下兌上，大象「澤中有雷」，雷猶蟄伏不起而居澤中，只得隨時，蓋和樂則懈，於是一無主宰而隨之，故於豫卦之後，繼之為隨，以示天德未施一隨時便之現象。相隨相從，無幫追隨，隨眾跟隨，隨遇而安，隨時而動。

【詩曰】澤中雷動象曰隨，陽動陰隨相得宜，君子有孚存信吉，施為動用不違時。

【斷曰】隨者從也，陰必從陽，官貴隨順，財祿榮昌，婚姻和睦，疾病安康，凡占身命，福壽無疆。

新開辦的事業會有發展。若以前就有的事業，從此潮漸地衰退。此卦上下兩體爻畫，皆取剛下於柔，降尊屈貴之象。忘其勇尊而下於人，我能隨物，則物必隨我。占得此卦，要注意時間條件的變化，不宜輕舉妄動，宜採取與人配合、被動、隨遇而安的策略。

䷑ 蠱　山風蠱

蠱卦巽下艮上，大象「山下有風」，風不暢行，不能疏物，反因之壞物，蓋過於隨時，必不整飭而腐壞，故於隨卦之後，繼之為蠱，以示腐壞已極起而圖存之現象。靜止不動，腐敗之象。蠱惑，侵蝕，有事端，治理整頓。

【詩曰】山下有風應有事，巽時止蠱事無爭，濟危拔險宜先甲，復治依元大吉亨。

【斷曰】蠱者亂也，亂必有治，家宅擾攘，身體暗昧，公訟遷延，文書遲滯，孕吉病凶，婚成財利。

萬事俱頹廢，內憂大於外患，內部敗壞之象。「蠱」字很多蟲在器皿上，表示外表堅硬，實則內部已經腐爛。風在山中有進退難行的意思。艮為少男，巽為長女，中爻互見震兌，有女惑男之象。

䷒ 臨　地澤臨

臨卦兌下坤上，大象「澤上有地」，地因得有潤澤，而萬物浸長，蓋物腐而能更生，必有浸長之勢，故於蠱卦之後，繼之為臨，以示物正浸長其氣發揚之現象。臨近，親臨、喜臨、喜悅親自參與，以上撫下，臨民臨事，以尊涖卑。

【詩曰】地澤相因名曰臨，臨時臨事利和親，所謀陰貴相扶持，雖吉提防八月侵。

【斷曰】臨者大也，克己臨人，宜占家宅，利問婚姻，財官並吉，謀望同倫，孕生男子，病犯祟侵。

二陽居初二而浸進，澤上有地，地因而得有潤澤而生養萬物。臨者由上視下，在卦取自上臨下臨民，以尊適卑的意思。上級來看望、考察下級之象。下兌為悅，上坤為順，愉悅而順從，所以亨通。無論什麼緊急事情要樂觀面對，才會萬事順利。

䷓ 觀 風地觀

觀卦坤下巽上，大象「風行地上」，風行則庶類皆被，可以觀摩矣，蓋物至於大，斯有可觀，故於臨卦之後，繼之為觀，以示風行草偃觀摩成化之現象。風行地上，和風輕拂大地，觀望、追求、臨觀、觀賞、觀察瞭解、懲罰告誡以正風教。

【詩曰】風行地上順而安，莫作尋常一例看，一切營謀無不遂，生財旺相已遷官。

【斷曰】觀者望也，凡事有旺，田蠶進益，家宅興旺，占婚最宜，求官為上，財聚病痊，獲福無量。

風順著吹拂大地，有瀏覽、參訪之義，由下視上。占得此卦，多有外出旅遊或參觀、展覽之象，旅行出遊，則有新契機，會有穫益，此卦利於學習新事物。

噬嗑　火雷噬嗑

噬嗑卦震下離上，大象「電雷」，威而有明，使無所梗而合於道，蓋彼此觀摩，則必漸趨於合，故於觀卦之後，繼之噬嗑，以示物有間隔齧而合之之現象。吃而合之，決斷，嚼啐口中之物，有口福，食。

【詩曰】雷電相因名噬嗑，頤中有物未能亨，明威並用除奸究，隔礙潛通事有成。

【斷曰】噬者齧也，嗑者合也，謀望卑安，求財且且，病重訟凶，孕憂婚寡，去礙除奸，惟道有者。

先天離，後天震，皆居東，故曰「合」。上下顎咬合，將東西咬碎，將中間物咬碎才能亨通。為咀嚼、品味、考察，咬合，威在內，文明在外，如人執法用威，掃除敗類，所以又有刑罰之象。占得此卦，事情發展中途多會遇到阻礙，行不通，須要全力以赴或利用刑法，才能克服。

䷕ 賁　山火賁

賁卦離下艮上，大象「山下有火」，火僅及於山下，其光彩有限，點綴粉飾而已，蓋物因求合，便從事於粉飾，故於噬嗑之後，繼之為賁，以示表面粉飾苛細繁瑣之現象。裝飾、修飾，虛偽形式。

【詩曰】山火相因光賁象，內明外止自然亨，觀時察變隨宜用，凡有求謀必稱情。

【斷曰】賁者飾也，公私並利，財祿雙榮，田蠶收熟，訟散孕生，病安婚遂，凡有施為，稱心滿意。

賁者飾也，外止而文明以內，即外質樸，故無色為飾。內文明，故內具才為光明，為飾。

但是火僅及於山下於內，光彩未能遠外，徒具點綴粉飾而已。賁的本義是貝殼的光澤，有飾的意思。飾就是文，文與質相對，質是指事物的本質，文是指事物的文飾，就社會人事而言，就是階級名份、禮儀制度等。此卦占住宅多有裝修、裝演之象，測人事主包裝自己，測職業多是包裝、打扮、化妝、禮品、鮮花等類行業。

䷖ 剝　山地剝

剝卦坤下艮上，大象「山附於地」，附則不固，而有傾落之勢，蓋只求粉飾，其道已窮，故於賁卦之後，繼之為剝，以示氣運已窮而成剝落之現象。剛陽剝落，剝掉，剝爛，跌傷，老人歸山入墓，床。

【詩曰】艮山扶地邪傷正，厚下安居反得輿，小人剝極不知變，陷身取辱剝其廬。

【斷曰】剝者落也，剝落之義，動者有傷，靜者無悔，退者獲安，進則不利，藏器待時，剝極復治。

一陽卦，陰消陽，陰往上消至五，僅存上九之一陽，陽氣即將消失了，為小人剝奪君子之象，陽剛之氣不斷剝落，剩一陽爻已到極位，此卦陰盛陽衰、陰陽不均衡，小人得勢，宜隱忍，謹言慎行。占得此卦，表示大禍臨頭，退無可退，必須即刻採取對策，有所行動才能改變剝落趨勢。測官運多剝官降職、降薪。

䷗ 復　地雷復

復卦艮下坤上，大象「雷在地中」，陽氣已蘊藏於內，而漸運轉，蓋物無窮盡之理，窮於上者反之於下，故於剝卦之後，繼之為復，以示天道好還生機內蘊之現象。返回，回復，初興，反復，窮而後通，自我奮鬥，踏實穩重進取。

【詩曰】雷在地中陽自復，靜而後動又無災，明來無咎財增益，遇事還教往復來。

【斷曰】復者反也，七日來復，財帛榮昌，田禾大熟，失去歸還，公訟和睦，利貴利官，宜蠶忌畜。

復者，反也。反本之道也。雷在地中，一陽來下，剝極必復，物極必反，此乃窮上反下之義，一陽卦，初九為潛龍，必須默默耕耘，堅持以往，乃能春回大地。占得此卦，事情有反覆變化，按照順序進行，大致都會成功。若有失敗的記錄，肯重新努力者，往往會出人意料之外的成功。

䷘ 無妄　天雷無妄

無妄卦震下乾上，大象「天下雷行」，其動也普及天下，自非妄舉，蓋氣運已轉，日趨正常，故於復卦之後；繼之無妄，以示實理自然動而有則之現象。晴天霹靂，意外之災，無所期望，不做非份之想。

【詩日】天下雷行無妄卦，不宜謀用利艱貞，安常守分宜忠正，無妄功成道大亨。

【斷日】無妄實也，凡事從實，動有災眚，守舊元吉，病瘥訟和，田收財積，官貴文書，重重進益。

妄者，亂、虛偽、無知也，所以說無妄，實也、無虛偽也，即至誠也。震陽初動而勿亂，持之以誠，則道無不正，動而行健，此君子之道也。不要妄動，動多則亂，亂動必有災咎，所謂無妄之災也。無妄，無所期望也，天行雷動最是自然不過了，占得此卦，按照當時的環境讓事情自然的進行則吉，若執著於既定的計劃而不調整應勢的話，往往招致失敗。

䷙ 大畜　山天大畜

大畜卦乾下艮上，大象「天在山中」，是將天德包畜而堆積之，蓋動而不妄，自可畜續天德，故於無妄之後，繼之大畜，以示天德在中輝光日新之現象。大的積蓄，大的等待，篤實剛健，勤勞不息，蘊畜、畜止。

【詩曰】天上山中有大畜，濟危拔險順天時，行藏動止皆如意，雲路亨通任所為。

【斷曰】畜者聚也，人財利益，進喜散憂，加官轉職，田熟蠶收，婚成病脫，事事亨通，般般大吉。

外艮為止、為關卡，內乾為健為自強不息，表示很勤勞的逼迫自己進步，以對抗外面的困難。此卦二五兩爻不得位，表示實力尚未足夠應付險難，所以宜暫時停止行動，加強自己的實力，故大畜卦有大的積蓄與停止雙重意義。

䷚ 頤　山雷頤

頤卦震下艮上，大象「山下有雷」，陽氣已及於山野，物皆有所養矣，蓋畜之者大，所養必多，故於大畜之後，繼之為頤，以示天養萬物動止咸宜之現象。外實內虛，外剛內柔，外強中乾。停止行動頤養，自養，自求口實，謹言節飲，言語養德，飲食養體。

【詩曰】山下有雷頤養也，謹言節飲養其身，養民養物皆從正，動止安和福祿臻。

【斷曰】頤者養也，養宜從正，謀望周全，婚姻吉慶，訟吉病安，財榮祿盛，公事清平，門庭安靜。

頤卦上下二陽，中含四陰，上止下動，外動中虛，如人頤頷之象。養正則吉，頤貞吉也。

山下有雷，陽氣已及山野，則萬物具生機，故宜飲食以養生也。頤即養，占得此卦，自求口實，凡事需自己親自而為，且莫管他人瓦上霜，測事有找工作、自求生活出路之意。

䷛ 大過　澤風大過

大過卦巽下兌上，大象「澤滅木」，澤本低而至於滅木，是為已過，蓋既畜又養，物有過盛之勢，故於頤卦之後，繼之大過，以示物勢太過發展不均之現象。斷折，為棟樑撓曲之象。事物顛倒，有大災險。出風頭而致口舌官非，為人所不能，言人所不敢。

【詩曰】澤滅木時為大過，棟樑將撓急扶持，雖然本末俱柔弱，巽悅而行往得宜。

【斷曰】過者過也，剛過乎中，行船見阻，涉險無功，求官不達，問信難通，安常守分，庶免災凶。

過者越也，過乎中即為越，陽過乎中，便成大過大患，大過，就是太過分了、不勝負荷。

此卦初上為陰為末，內乘重陽重剛，陰弱不能勝強陽，澤滅木也，物過盛也。占得此卦，主有不合其身分地位之事，非常的行動，事情做過頭，或大的轉折變化。

䷜ 坎　坎爲水

坎為重坎之卦，大象「水洊至」，水勢一再奔注，將有陷溺之險，蓋太過則傾，必陷於險境，故於大過之後，繼之為坎，以示險境重重淪於幽暗之現象。險陷之意，險上加險，重重險難，人生歷程曲折坎坷。

【詩曰】二水重重為習坎，險中之險未能通，久恆其德存中正，不失孚誠動有功。

【斷曰】坎者陷也，凡事不通，田蠶不利，孕病皆凶，營財逢盜，行船遇風，惟誠惟信，出險成功。

坎卦一陽陷於兩陰中，而且重疊，有重重險阻之意。坎為勞卦，憂心，多災多病，具隱伏之象，內心有秘密，有陰謀。水勢重陷而來，有陷溺之陰。陰難重重，淪於幽昧之象。

內互卦上以山，內互卦下以動，如心中心主而動，仍能涉險而出也；又陰虛陽實，象徵心中實在，有誠信，豁然通達。占得此卦，吉凶取象決定於六爻五行生克結果，吉取吉象，凶用負面。卦名有坎坷、波折之意：陷阱、陷入、危險。因水向下、多曲折，又流通，源遠流長，卜問推測，卦象之取捨，需應時應事應人，變通靈活運用。

離　離爲火

離為重離之卦，大象「明兩作」，明之又明，非有附麗之著處不可，蓋已陷於險境，必求有所附麗，故於坎卦之後，繼之為離，以示得其附麗而顯光明之現象。光明絢麗，火性炎上，依附團結，離散，離開，分離，明白四達。

【詩曰】明明相繼離之象，日月當天照四方，文德養志無物我，人情和合得輝光。

【斷曰】離者麗也，凡事分明，不宜占宅，婚訟九成，孕雙蠶半，病重財輕，官貴有喜，最利行人。

重明也，日月得輝也，表示光明、美麗。宜苟日新，日又新，辛健努力，更要明明德之道，須具高瞻遠見，內互卦上以澤，內互卦下以風，宜大顯光明，切勿行陰損之邪事也。

占得此卦，利於文章，測婚已婚人多離婚，情侶則交往火熱但難更進一步發展。離卦又有網籬之象，推測時亦當計及。

䷞ 咸　澤山咸

咸卦艮下兌上，大象「山上有澤」，澤低而居高，山高而居低，漸趨親近，又山澤通氣，乃地竅之所在，故能交感，以示氣息相通發生感應之現象。相應，感應，迅速。

【詩曰】兌澤艮山咸感也，有感方通理大常，上下和同雖吉兆，虛中受物更為良。

【斷曰】咸者感也，有感必應，官鬼周全，宅身喜慶，宜孕宜婚，利訟利病，咸道雖通，更宜貞正。

咸也、速也，感應甚快甚速。少女上而少男下，象徵少男追求少女，艮止兌悅愛情專一。

占得此卦，問婚姻為正配，婚姻之時，問事則可能很快就會取得協調，也可能希望在瞬間就破滅，依卦氣強弱為之斷。

䷟ 恒　雷風恒

恆卦巽下震上，大象「雷風」，雷起而風生，乃天道之常，蓋氣息交感，方可持久，故於咸卦之後，繼之為恆，以示物循常道而能垂久之現象。永恒持久，恒心，相得益彰。

味事無常，運氣反覆，時好時壞。

【詩曰】雷風相過恆常也，巽動相須事有成，日月得天而久照，人能應變道常亨。

【斷曰】恒者久也，久常之義，身宅雙榮，公私兩利，訟宜早和，病須疾治，守舊安和，出行無滯。

恆，守常也、久也，長女配長男，夫婦關係的常理也。雷起風動，乃天地自然之道。猶如二少相感，男女新婚，二長同居，守其常也。占得此卦，最初，大家合作無間，相安無事。後來卻可能反目成仇，若新開辦事業，其經營往往不順利，乃離合集散的兆象。

䷠ 遯　天山遯

遯卦艮下乾上，大象「天下有山」，以山擬天，則覺山卑而退縮，蓋物過於久，其形必漸衰退，故於恆卦之後，繼之為遯，以示陰長陽消萬物退避之現象。天下有山，山止於地，遠山人藏，退避隱匿，超脫行事，遠小人，當退即退，不稍留連。

【詩曰】天下有山為遯相，埋光鏟彩以修身，順時達變賢君子，不惡而嚴遠小人。

【斷曰】遯者退也，凡事宜退，公訟而和，行人阻滯，問婚不成，求財無利，病者遷延，田蠶微細。

山上有天，別有洞天之意，天下有山，有逃亡、逃跑、逃走、退避、隱遯之意。兩陰爻（小人）在內，陽爻（君子）在外，有小人欲制君子，而君子不得不隱遯山林之象。當遯則遯，「遯之時義大矣哉」。遯為出世間之高行，戌亥空亡，有遯入空門之象。當退則退，不可留連也。占得此卦，問行人，往往主逃避、躲避某事而出走。

䷡ 大壯　雷天大壯

大壯卦乾下震上，大象「雷在天上」，威揚於天，聲勢自壯，蓋消長循環，衰退而必壯盛，故於遯卦之後，繼之大壯，以示陽剛太壯氣盛勢雄之現象。雷行于天，強盛壯大，剛極則傷至，勿為已甚可免凶危。

【詩曰】雷上於天為大壯，凡占不可恃其剛，攸行用壯應傷己，退守謙和反吉祥。

【斷曰】大壯壯也，四陽壯盛，用壯災生，用罔吉應，宜問婚姻，休占訟病，動則不中，守則為正。

雷在天上，陽盛陰消，君子道勝之象。卦體四陽盛長，陽為大，大者，壯大也。威武揚於天上，雄勢之象也。大壯，似乎大有可為，但陽氣再往上增長則成夬卦，有毀折之象，故有「用壯災生，用罔吉應」之斷語。

䷢ 晉　火地晉

晉卦坤下離上，大象「明出地上」，陽明被物，各有進展，蓋物勢既壯，必更進以求開展，故於大壯之後，繼之為晉，以示萬物同光進進不已之現象。前進光明，晉升上進，延同類以升進。

【詩曰】日出于地晉文明，輝光普照德非輕，田蠶進益家興旺，職位高遷身顯榮。

【斷曰】晉者進也，進必有升，進身必遂，進事有成，行人未至，公訟不明，病者難瘥，財平稍平。

離為日，出於地上，具文明、光明之意，漸升而至中天，晉卦象徵太陽普照大地，萬物柔順依附之象。有前進、晉升、晉級、進見之意。占來意主人有更進一步向前發展的意象，或擴大事業規模、尋求升官、晉級等。

䷣ 明夷　地火明夷

明夷卦離下坤上，大象「明入地中」，是已暗無天日，致傷其明，蓋進兩不已，難免無傷，故於晉卦之後，繼之明夷，以示時當晦暗物性不正之現象。光明入地中，晦暗之象。

【詩曰】傷明之象號明夷，鍾彩埋光始得宜，柔順克謙卑自牧，樂天知命待傷夷，黑暗，明傷，誅殺，昏暗世時，韜光養晦可免於難。明時。

【斷曰】明夷傷也，凡事不順，婚姻無成，公訟有競，占孕母憂，占家父病，一切施為，切宜謹慎。

夷者，傷也。離在上為明暮，離在下則明傷。明入地中，是暗無天明之意。

昏君小人當道，賢者不得志，憂讒畏譏，即為明夷之意。宜乎韜光養晦，明哲保身，切戒莽動也。

占得此卦，問吉凶往往主受傷，問病常主開刀。

䷤ 家人　風火家人

家人卦離下巽上，大象「風自火出」，火生風，風助火，其性相和，有如家人，蓋傷於外者，必反於家，故於明夷之後，繼之家人，以示協和共處有守無違之現象。一家之人，家庭親友，友人同輩，朋友，自己人，同道，團聚於內。

【詩曰】風從火出曰家人，外象柔和內象明，明順因應家道正，人財增益宅安寧。

【斷曰】風火家人，成家之象，婚姻和合，人財興旺，病訟無憂，田蠶有望，謁貴求官，獲福無量。

家人，治家之道也。由內而外，陰居二在內卦，是女正位於內，陽居五在上卦為外，是男正位在外而女正位在內之義也。各正其位，各修其德，故名為家人。家庭倫理關係，特別強調主婦在家中地位，主婦正則一家正，巽木為風，以喻潛移默化，當從家內做起。

占得此卦，所問往往為家庭內部事，任用女性做事的效果，往往比任用男性為佳。從外觀上看吉利之事非常多。

䷥ 睽　火澤睽

睽卦兌下離上，大象「上火下澤」，火炎上而澤流下，彼此乖異，蓋家道有窮時，窮則乖矣，故於家人之後，繼之為睽，以示同中有異，物類相乖之現象。二女同居，其志不同，睽違乖異，觀察，觀望，事與願違。

【詩曰】火澤相因是謂睽，同居二女患相違，還占小事為中吉，若問行人定不歸。

【斷曰】睽者異也，三體相違，問病有驚，求財不宜，婚姻不相，行人不歸，小事雖吉，也應遲遲。

離火澤下，火炎上而澤流下，二性各走極端，乖離也、怪異也，如人事與願違也。亦可視之為怪異鬼神之事。占得此卦，有因家中貧窮而人心背離、分散別離之象，測婚、測合夥生意多有離婚、散夥之象。

蹇　水山蹇

蹇卦艮下坎上，大象「山上有水」，水僅侷促於山，自難暢流濟物，蓋勢已相乖，必生險難，故於睽卦之後，繼之為蹇，以示艱難險阻止而不行之現象。險難當前，交通受阻，見險在前，從容鎮定，反求諸己，待時興發。

【詩曰】險前險後當為蹇，進則多迍退則宜，大蹇朋來山箇甚，剛中知止善趨時。

【斷曰】蹇者難也，凡事蹇鈍，官貴艱難，出行休問，莫卜身財，休占婚孕，出險如何，守常安分。

山上有水之象，水僅侷促於山上，有陰在前止而難行，似跛者之艱於行動，以喻艱難險阻，行不順當，宜反求諸己。陰在前方，當見陰而止，不冒昧前往，切戒輕舉妄動，有觀時而動，俟時而行之意。蹇為四大難卦之一，險在外，占得此卦，測事多有因某人事物絆住或蹩腳而難以進行。

䷧ 解　雷水解

解卦坎下震上，大象「雷雨作」，雷雨既作，其氣已暢，而鬱結因之疏解，蓋宇宙不滅，無終於險難之理，故於蹇卦之後，繼之為解，以示疏解條貫萬物復蘇之現象。解脫，舒緩，解除災解，解散，解決，瓦解。

【詩曰】震坎相交雷雨解，憂疑解散喜相逢，西南大得朋相助，濟險扶危往有功。

【斷曰】解者散也，憂散喜生，田蠶進益，婚姻不成，久囚得赦，病者安寧，孕生貴子，公訟和平。

解卦，上面是雷，下面是水，甘霖很快就下來了。占得此卦，要暫時忍住目前的不快，馬上就得到釋放，現在的困難只是一時的現象，事情很快獲得解決。

解卦與蹇卦同取本卦內外兩象而立卦名，兩卦皆有水、陰難之象。蹇為難之方生，解是難之剛紓。

䷨ 損　山澤損

損卦兌下艮上，大象「山下有澤」，山之基礎，因澤兩受損失，蓋疏解而鬆弛，損失在所不免，故於解卦之後，繼之為損，以示損下益上似盛而衰之現象。減損，破損，毀損，損失，減少，衰之始。

【詩曰】山靜澤清曰損象，故當損己益他人，損之又損功勳大，災患消除福德臻。

【斷曰】損者損也，身宅平平，婚成病痊，官旺財興，人口進益，家宅利貞，弗宜公訟，不利出行。

損，滅也、損傷也，失也。山下有澤，不動如山之根基，因澤而流失、受損也，源疏懈不守，似盛而衰損之象。如人放逸，致有傷損也。損卦，損下益上，損內益外，剝民奉君之象。占得此卦，問財則卦理不吉，多買賣虧損，問物多有損傷、損壞之兆，先損後得的時候，徐徐地進行就會成功，也有為近親而破財消災的意思。

䷩ 益　風雷益

益卦震下巽上，大象「風雷」，風益雷威，雷益風勢，蓋損而不已，益必隨之，故於損卦之後，繼之為益，以示損上益下固本培元之現象。互相增益，受益，盛之始。

【詩曰】風雷相舉終成益，凡有施為眾所從，損己益人人益己，功成名遂喜重重。

【斷曰】益者益也，凡事有益，利合婚姻，宜占身宅，詞病俱平，生財大吉，益己益人，乾坤合德。

益，增益、饒益也。損上乾體初畫之陽，益下坤體初畫之陰。上卦巽為風，下卦震為雷，風順雷動，雷動風勁，風雷互為增益，是為益卦的象徵。在人如見善則遷，有過則改，內動而具奮發之動，外巽而沉潛深入，無孔不至，坤土受益，損上益下，踐土予民共分其利也。六二與九五中正相應，下震為動有利前進，風吹船動，利涉大川。

䷪ 夬　澤天夬

夬卦乾下兌上，大象「澤上於天」，澤流太高，勢必下決，蓋益之過滿，其潰決也無疑，故於益卦之後，繼之為夬，以示發縱猛勇演成潰決之現象。決斷，捨去，斷絕關係，果斷，切斷。

【詩曰】夬卦群陽夬一陰，遲疑進退禍相侵，決然一定無憂慮，凡有施為必稱心。

【斷曰】夬者決也，有決定志，交易稱心，生財如意，婚孕吉昌，貴官成遂，病訟遷延，文書遲滯。

夬，決也。澤上於天，澤水太高而下傾，有過盈而潰決之義。五陽一陰，象徵強大的陽將陰切斷，有哭泣、判決官司之象。占得此卦，事態以至窮途末路，須當機立斷，謀求解決之道，對文書類的事情，要特別注意。

䷫ 姤　天風姤

姤卦巽下乾上，大象「天下有風」，風遍天下，其所播者廣，物與相遇者必多，蓋決則分流，物皆獲有滋潤之遭遇，故於夬卦之後，繼之為姤，以示非所必有不期而遇之現象。遭遇，機遇，溝通，命令。

【詩曰】天下有風陰媾陽，勿疑取女女非良，順時消息行中道，品物咸亨大吉祥。

【斷曰】媾者遇也，謀必有遇，求官官榮，求財財遂，病者難安，婚姻休娶，卜筮行人，端的在路。

姤，遇也，不期而遇之意。天下有風，風週遍吹拂，無所不至，陰能侵陽，今一陰居初，五陽不能久安於上，必須防患於微，即偶有所失，亦須重視之也。此卦乾老父，巽長女，不為正配。乾（天、陽、剛），巽（風、陰、柔），陰陽相遇，有風相吸，柔承剛，一陰五陽有一女五夫之象，占婚主女人不正，淫蕩不貞。卦名有交媾、約會之意，易有外情、曖昧事，尤其女人不正。

䷬ 萃　澤地萃

萃卦坤下兌上，大象「澤上於地」，地得潤澤，而能生聚萬物，蓋物必相遇，而後始有相聚之可能，故於姤卦之後，繼之為萃，以示形交氣合獲得生聚之現象。和順而歡悅集聚，集中，會合，吸收，吸取，聚眾。

【詩曰】兌悅坤柔為萃卦，存誠致敬感神明，中心守正無遷變，福集災消大吉亨。

【斷曰】萃者聚也，物惟誠身，身財兩吉，福祿雙榮，婚姻和合，六畜孳生，病訟終吉，田蠶晚成。

萃，聚集也。卦體九五剛中，而六二應之，正應而居中，順悅之象。兌為刑法，坤為國家人民，此卦指要用制度來約束管理大眾的行為，賞罰分明，人民才會心誠悅服，上下才能同心協力。占人事有相聚、相約、彙聚、集合之意，占事業為二次創業。

䷭ 升　地風升

升卦巽下坤上，大象「地中生木」，木有厚托之根基，漸出地而升高矣，蓋不斷生聚，其勢必愈長愈高，故於萃卦之後，繼之為升，以示得氣之順向上昇華之現象。上升，不下來，破土而出，日積月累，由小成高。

【詩曰】地中生木升為象，集小成高往有功，用見大人無不利，身榮名顯道亨通。

【斷曰】升者進也，小集大成，見貴得貴，求名得名，婚姻和合，公訟和平，求謀運用，最利南征。

自下向上謂之升也。木始於微細而柔生，漸次茁壯，故為上進之象。卦中坤上而巽下，卦德外順而內出入不決，有左突右決而上進之象。九二剛中而得六五之應，故須積累見識，由小致大而漸次升高也。占得此卦，問事業，有晉升、升職之象，問病，土在木上，棺木入土之象，疾病凶危。

䷮ 困　澤水困

困卦坎下兌上，大象「澤無水」，水庫涸則失其潤澤之功，非困而何，蓋只圖昇華，久之必不能自振，故於升卦之後，繼之為困，以示物無潤澤而至困窮之現象。窮困，危機，遭遇艱難，事多不順，守己待時。

【詩曰】澤中無水困之名，陰掩陽爻理不明，誠以自持堅固守，身雖處困道常亨。

【斷曰】困者厄也，陰以掩陽，宅身孕病，件件遭傷，生財少利，公訟多妨，報言占者，安分守常。

困，道窮力竭，不能自濟自度。四面不通，無路可出之象也。九為被二陰相挾，四五後被上六預掩，坎陰在內，兌為暗昧。即身處幽陰不明之中，猶如君子處亂世，為小人所不容，故謂之困。占得此卦，窘困，有被某人某事某物困擾、困住之象，對方形勢比自己強，所以凡事只能忍讓後退，不能強進。

井　水風井

井卦巽下坎上，大象「木上有水」，巽木入於坎水之下，而上出其水，一若井之汲水然，蓋物至困窮，必謀自養之道，故於困卦之後，繼之為井，以示往來井井勞而自養之現象。

通達，暢達，滋養，勞苦，穩慎，常固不遷。

【詩曰】水升木上而為井，養物無窮靜所宜，動則無窮妄井德，達人藏器待天時。

【斷曰】井者靜也，不宜妄為，求官謁貴，問病稽遲，田蠶半得，行人未歸，占婚阻滯，藏器待時。

井有養人之功，注之不盈，用之不竭，此為木上有水之象。往來井勞而自養，自食其力，自固其根苗也。下卦巽為交易，近利市三倍，古時井田法：四處井田合成一邑，全村人都到井邊汲水，有些人就到此賣東西形成交易場所。因井固定不動，所以邑可改，井不可移，井有養育的功能，也有不忘本之義。占得此卦，安身勿動。

䷰ 革　澤火革

革卦離下兌上，大象「澤中有火」，澤流則火滅，火盛則澤枯，勢必有所變革，蓋自養之道，不能離開往來關係，而關係時有變遷，故於井卦之後，繼之為革，以示時變境遷。

新陳代謝之現象。創新、革新，不守舊，革命，受傷，除弊理亂，刮垢清污。

【詩曰】澤中有火革之亨，二女同居志不貞，改故從新趨世變，煥然文彩十分明。

【斷曰】革者變也，事宜改更，身宜謀用，宅利修營，遷移進益，出入光亨，孕病皆吉，禍滅福生。

革，去故也。澤中有火，為變革，火澤兩性相違，必相反向改變，故為改變去故更新之意也。兌少女，離中女，二女同居，其志相違，不得不革矣。比喻人事，移風易俗，實現革新，社會才能進步。占得此卦，多主改行換業，變革換新。

䷱ 鼎　火風鼎

鼎卦巽下離上，大象「木上有火」，以巽木入離火而致烹飪，有如鼎者，蓋既去其故，必佈其新，故於革卦之後，繼之為鼎，以示氣運改進煥然一新之現象。更新，改進體制，折足，跛腳。

【詩曰】火木相因鼎得名，變更為熟舊更新，功名貴在調和得，疑慮冰消喜氣臨。

【斷曰】鼎者器也，烹飪之器，求官十全，生財百倍，身吉宅榮，婚成病利，求事托人，卻宜仔細。

鼎，取新也，木上有火，有烹調之象，依爻象來看初爻為足，二三四為腹，五中虛為耳，上爻為鉉，足以承之，腹以載之，耳以提之，鉉以舉之，此卦就是鼎的形狀。鼎為食器，也是祭器，傳國之寶，有時將法律條文鑄於鼎上，以示莊重，新君登位，第一件事是鑄鼎，頒定法律，以示吉祥，所以鼎又有隆重的意義。

䷲ 震　震爲雷

震為重震之卦，大象「洊雷」，雷聲繼續不停，而感震驚恐懼，蓋鼎乃天下重器，主之者必驚懼以守，故於鼎卦之後，繼之為震，以示生命過程各有驚懼之現象。震驚鳴叫，警惕，再三思考，好動，聲名大振。

【詩曰】游雷為震必憂驚，省過修身固反常，虩虩不安存警畏，到頭反禍卻為祥。

【斷曰】震者動也，震動驚惶，不宜妄動，惟利守常，公訟失理，婚姻不良，求財少得，謀事多妨。

震為雷，為動，上下俱動，故此為雷霆霹靂之振動，為一陽生於二陰之下，陽氣在初，蘊而不出，遂奮擊而為雷，故具有震驚恐懼，要學習乾卦的戒慎恐懼。震之憤雷之動，要效法乾的剛健自強不息，初九與九四無應，妄動就不利。

䷳ 艮　艮爲山

艮為重艮之卦，大象「兼山」，山上有山，愈顯其凝固而有所止，蓋震驚恐懼，究有終止之時，故於震卦之後，繼之為艮，以示物止其所牢以自守之現象。不動，靜止，停止，克制，沈穩，穩定，思不出其位，行不越其分。

【詩曰】兼山為艮當知止，正好潛身以俟時，君子思安無過咎，小人妄動必傾危。

【斷曰】艮者止也，凡事無成，只宜安靜，不利經營，時止則止，時行則行，思安所處，其道光明。

山上復有山，故引申為徑路，益顯其退隱、不越本份之君子德行，一陽居二陰之上，既至上位，無可再往上，故有有止住、停頓之意。兩山並立或山上有山，均不相往來之貌也。君子小心從事，尚能成功，小人結黨營私，必遭失敗。占得此卦，不宜隨便和人合作。

漸　風山漸

漸卦艮下巽上，大象「山上有木」，山上木之成林，由來也漸，蓋物久於其所，又漸思進，故於艮卦之後，繼之為漸，以示漸則有功，急則受阻之現象。漸進，有序，逐漸，按部就班。

【詩曰】風山為漸徐徐進，進得其宜往有功，進事進身咸得正，漸高漸大漸亨通。

【斷曰】漸者進也，田蠶進益，求官漸升，求財漸得，病疾漸安，公訟漸釋，一切所占，漸則大吉。

漸，徐而不速也，緩慢前進的意思。舉止有節，該進則進，該止則止，且從九二到九五各爻都位正，象徵女子出嫁品德純正。君子宜以居賢德，漸進則有功，急則必有咎受阻。

占得此卦，不可遽進，必取漸進，無論內而修德進業，外而移風易俗，均要漸進，非一朝一夕可致也。

䷵

歸妹　雷澤歸妹

歸妹卦兌下震上，大象「澤上有雷」，雷動則澤水隨之而起，以為雲雨，猶之女子歸人而有所合，蓋物進雖緩，終必得其歸宿，故於漸卦之後，繼之歸妹，以示物無獨生互有配合之現象。歸宿，歸家，回歸。

【詩曰】震雷兌澤為歸妹，少女從陽正合宜，凡事問占宜守靜，擬行必在得其時。

【斷曰】歸妹歸也，女歸之象，公訟不明，官貴休問，身宅少憂，婚姻為上，守之則宜，動之弗當。

兌為少女，歸附震男，上動下悅，男女交投，陰陽相配之義也。卦中互見坎離，猶陰陽之配以日月之象也。歸妹即嫁妹的意思，占婚主長男配少女。占得此卦，不要外出，或改舊變新。上面打雷，下面就下大雨，表示配合巧妙，表示事情當下就要做決定，好好配合。

䷶ 豐　雷火豐

豐卦離下震上，大象「雷電皆至」，電明雷動，顯其赫赫之盛，蓋物有所歸，自能日趨豐盛，故於婦妹之後，繼之為豐，以示豐盛飽滿生威昭著之現象。

盛大碩果，歡樂盛大，多事故，滿招損。

【詩曰】雷電相應豐成時，盛衰消息要先知，守常安分方為吉，中則安時妄則危。

【斷曰】豐者大也，利官利貴，婚姻有成，行人必至，孕生女子，病人沉滯，凡占家宅，半明半晦。

豐就是大的意思。上震為動，下離為明，雷電俱至，有光明豐盛，顯赫觸目之象。未有豐足，固當力求其豐。至坐有豐厚時卻不知己豐，故慾望越盛，則愚暗已生，也越積越愚而不自知，占得此卦，會有一時的利益，但宜守常安分，貪多即會招致來失敗不祥。

旅　火山旅

旅卦艮下離上，大象「山上有火」，火炎山上，則漫無涯際而旅居不定，蓋物過豐盛，必喪失其本來，不知所止，故於豐卦之後，繼之為旅，以示游移不處無以自安之現象。

旅行，旅居在外，外出。親朋寡少，不安定。

【詩曰】山上火炎其象旅，事機宜早不宜遲，如占動用平平斷，若問行人未見歸。

【斷曰】旅者羈也，在旅之象，不利守常，運謀為上，訟散婚成，孕生獄放，病者禱禳，行人休望。

火在山上，猶如火勢藉山上野草逐步推移，勢不久留，如人旅行之象，故為暫時寄居之謂也。艮為山，為館舍，離為火，火行不居，即為羈旅之象，為期甚短促也。占得此卦，多主有外出走動、或租房、借居之象，先樂後悲，短期好長期不好。

䷸ 巽　巽爲風

巽為重巽之卦，大象「隨風」，風之又風，無微不入，蓋旅途淪落，非如巽風之入物，何以取容，故於旅卦之後，繼之為巽，以示風之疏物順以入之之現象。相隨不息，順從，進入而下伏，宣佈，公佈。

【詩曰】陰交陽下隨風巽，究竟先庚與後庚，利見大人行正事，始雖難阻後亨通。

【斷曰】巽者順也，順時行事，利財利婚，利官利貴，身泰訟和，田收蠶遂，惟占病人，金神為祟。

巽為風、為入，為伏也，伏有卑順、卑伏之義。風，無孔不入，亦代表機會。占得此卦，凡事宜緩，謙遜順應，等待機會，最宜謁貴求財，問營商極佳，所謂利市三倍。

䷹ 兌　兌爲澤

兌為重兌之卦，大象「麗澤」，潤澤而至於麗，其喜悅之情可見，蓋既順而入之，則必喜悅相與，故於巽卦之後，繼之為兌，以示理順情和物呈喜悅之現象。喜悅可見，口若懸河，善言喜說，高興，沼澤地，洞穴，廢穴，殘壁破宅，坑窪地，縱橫溝渠。

【詩曰】麗澤相因名曰兌，友朋講習貴乎誠，相互浸潤推誠敬，和悅交通事有成。

【斷曰】兌者悅也，凡事和會，病瘥婚成，孕生災退，身宅平安，行人立至，六畜生財，獲利百倍。

兌，悅也、兌換也，商業之活動，也有毀折的意思。一陰進於二陽之上，氣舒於上，便有言出之象，表達於外也。有講說之象，重之，便成講習也。占得此卦，當下做決定，馬上行動，便得喜悅，拖延不決，就會毀折，遭致侮辱。

䷺ 渙　風水渙

渙卦坎下巽上，大象「風行水上」，水遇風，則披離解散而四濺矣，蓋物逢喜悅，其情必轉趨渙散，故於兌卦之後，繼之為渙，以示物勢不固土崩瓦解之現象。水面起風，船行于水上，渙散，離散，不團結。

【詩曰】巽坎相因風水渙，憂疑消散必亨通，涉艱濟險應須慮，捍厄扶衰獲有功。

【斷曰】渙者散也，萬慮消融，孕生災脫，訟散財空，求謀遲滯，出入亨通，乘舟濟險，必獲全功。

渙，散也，冰溶解、破裂、離散。卦辭中謂「王假有廟」，蓋至誠以感，濟天下之心，所以聚合其散也。物無聚而不散，而在散而後聚之，在乎以誠懇相待，以至誠感召。占得此卦，有人心渙散、分崩離析之象，流言四起，要秉持信心，坦誠以對就能挽回。

䷻ 節　水澤節

節卦兌下坎上，大象「澤上有水」，澤所以範圍水，而節之不外溢，蓋物之渙散，終有節制之時，故於渙卦之後，繼之為節，以示萬有綜錯不越限度之現象。節制節約，儉約，節度。

【詩曰】澤中有水名為節，苦節從來不可貞，不出戶庭無大咎，順時消息道元亨。

【斷曰】節者節也，妄動無成，求謀有阻，公訟休爭，婚姻和合，身命不寧，占財少得，卜孕虛驚。

兌為口、凹地、容器之類。有水流入凹地或容器中被截流收容之象。竹節均勻，各有分限。氣候分節氣，音樂有節拍，社交有禮節，節就是制度，制度要中和，過分嚴厲的制度，違反人性，不易被接受遵守，故曰苦節不可貞。占得此卦，外卦坎為水，外有憂慮、危險，不可妄動，經由時間的節制，可以降低損害程度。

䷼ 中孚　風澤中孚

中孚卦兌下巽上，大象「澤上有風」，澤低而虛，風入盤旋，可以孚洽而穩定矣，蓋有節制則必穩定，斯能守之以信，故於節卦之後，繼之中孚，以示物物唧接內有信實之現象。誠信相感，信守中道，胸有成竹，至情至性。

【詩曰】澤上有風曰中孚，順而和悅並無憂，推忠存信相推用，一切營謀百倍收。

【斷曰】中孚信也，二相中實，虛實相通，動罔不吉，官貴陞遷，田蠶進益，憂散喜生，災消福集。

實信不虛，是謂之中孚。誠信發自於心中，謂之中孚，澤上有風，有節制則必趨順穩也。

四陽在外，二陰在內為中虛，論爻位則二五陽爻各居一卦之中，故中心有信實之象，誠信在內為本也。木在水上象徵船，有船就可涉大川，表示可以有所作為。

䷽ 小過　雷山小過

小過卦艮下震上，大象「山上有雷」，雷僅及於山上，限度猶小，蓋物固有信，但難保無不及之處，故於中孚之後，繼之小過，以示力量不及過於緊縮之現象。小有所過；有所超過，隱伏危險。

【詩曰】山上有雷曰小過，卻如飛鳥以遺音，情知所過不甚遠，舍大從微咎不侵。

【斷曰】小過過也，所過不遠，身宅微災，交易財鮮，官阻病憂，孕驚婚免，凡百所占，悉皆戔戔。

小過，小的過度、過錯。山上有雷，雷之所出，當出乎地，今雷出於山上，過其本位也，故為小過也。此卦四陰兩陽，陽少陰多，兩個陽爻像鳥身，四個陰爻像翅膀，象似飛鳥。

此卦為大坎卦，占得此卦，其人心中必有一定的執著堅持，必須放下這些堅持，不再執著，才會出現小過。

䷾ 既濟　水火既濟

既濟卦離下坎上，大象「水在火上」，水火相交，陰陽正而已濟矣，蓋凡略過於緊縮者，則必有濟，故於小過之後，繼之既濟，以示陰陽諧和造化至極之現象。水火相交，二氣相感，大功告成，相輔相濟，完成。

【詩曰】水火相因為既濟，元來有始卻無終，防微杜漸無憂患，大者雖窮小者通。

【斷曰】既濟濟也，舟行無滯，病者安康，訟者解釋，婚姻早成，生財遲得，出入無虞，營謀有益。

既濟，定也，中爻互見坎離。此卦三陰三陽皆得正位，且得中正，形象完整完美。是故名為既濟。占得此卦，多難成功完美。

《既濟》是已經成功完成之意，而實際必有所疑有所難成，才會卜問，所以有表面情勢佳，實則危機四伏，因物極必反，既濟卦再發展下去就是未濟卦。

䷿ 未濟　火水未濟

未濟卦坎下離上，大象「火在水上」，水火不交，陰陽不正而失其功用，蓋既濟之終，即亂之所由始，故於既濟之後，總殿之未濟，以示一元已了再造無窮之現象。二氣不相交，事尚未成功，事不利。沒有終結，永無終止，從頭部署。

【詩曰】坎離未濟相違象，凡事先難後易成，未濟雖然終必濟，也須誠敬托神明。

【斷曰】未濟必濟，先難後易，凡事晚成，所謀遲遂，件件稱心，般般如意，交易未成，行人未至。

未濟，未完成也。剛柔失位失中，三陽三陰失其位，形象上極端惡劣，不能成烹調互用之功。

占得此卦，事情雖尚未達完美境地，但變化在醞釀中，未來充滿希望，只要不做離經叛道的事，不急躁，一步一步慢慢發展，終能達致成功。

六、六十四卦經解

◇易經上經◇卦爻辭

第一 ䷀ 乾　乾下乾上・情健性健

乾：元，亨，利，貞。

初九：潛龍勿用。

九二：見龍在田，利見大人。

九三：君子終日乾乾，夕惕若，厲，無咎。

九四：或躍在淵，無咎。

九五：飛龍在天，利見大人。
上九：亢龍有悔。
用九：見群龍無首，吉。

【譯意】

乾：春（開始），夏（發展），秋（成熟），冬（收藏）。
初九：時勢未到不能採取行動。
九二：時勢已到宜結識有權勢的人。
九三：已居下卦的最高位，要戒慎恐懼才能免害。
九四：或進或退，無災。
九五：才位相當，掌握實權，要網羅人才。
上九：好高騖遠導致失敗。
用九：天下人事，循環不已，沒有開始也沒有結束（如春夏秋冬，四時循環）。

第二 坤 坤下坤上・情順性順

坤：元亨，利牝馬之貞。君子有攸往，先迷後得主，利西南得朋，東北喪朋。安貞，吉。

初六：履霜，堅冰至。

六二：直，方，大，不習無不利。

六三：含章可貞。或從王事，無成有終。

六四：括囊；無咎，無譽。

六五：黃裳，元吉。

上六：戰龍於野，其血玄黃。

用六：利永貞。

【譯意】

坤：大亨通，要固守順從的德行才有利。君子有所作為時，率先行動會迷失，要跟隨他人行動，西南方得助力，東北方則失助力。安于守正道則吉。

初六：踏霜時，當知堅冰不久即至（見微知著）。

六二：得中得正，不動則無不利。

六三：不露鋒芒，無論做啥事縱不成功也不會招禍。

六四：即刻收手則可保平安。

六五：有權位而能態度謙和，吉。

上六：小人逼迫君子，兩敗俱傷。

用六：宜永守正道。

第三

䷂ 屯　震下坎上・情險性動

屯：元、亨、利、貞，勿用，有攸往，利建侯。

初九：磐桓；利居貞，利建侯。

六二：屯如邅如，乘馬班如。匪寇婚媾，女子貞不字，十年乃字。

六三：即鹿無虞，惟入于林中，君子几不如舍，往吝。

六四：乘馬班如，求婚媾，無不利。

九五：屯其膏，小貞吉，大貞凶。

上六：乘馬班如，泣血漣如。

【譯意】

屯：要具備仁、義、禮、智條件，不輕舉妄動，宜與人交往。

初九：莫行太遠，安於現狀有利，宜與人交往。

六二：前進困難，很難度過難關。

六三：看似安全，但無人引導，貪圖眼前利益會招危險。

六四：速速求賢才，沒有不利。

九五：積聚財富，卜問小事吉祥，大事則凶。

上九：前進困難，傷心掉淚。

第四 ䷃ 蒙 坎下艮上・情止性險

蒙：亨。匪我求童蒙，童蒙求我。初噬告，再三瀆，瀆則不告。利貞。

初六：發蒙，利用刑人，用說桎梏，以往吝。

九二：包蒙吉；納婦吉；子克家。

六三：勿用娶女；見金夫，不有躬，無攸利。

六四：困蒙，吝。

六五：童蒙，吉。

上九：擊蒙，不利為寇，利御寇。

【譯意】

蒙：亨通順利。不是我求童蒙，而是童蒙求我。初問則告，再三（問），漫不經心則不告，（此占）宜於守正道。

初六：啟發蒙昧要用嚴師，解除障礙，不能任其發展。

九二：包容無知者吉，娶婦吉，兒子成家。

六三：見利忘義的人，沒好處。

六四：被蒙昧所困，必有悔吝。

六五：純潔的蒙昧，吉。

上九：懲治蒙昧，方法重要。

第五 ䷄ 需 乾下坎上．情險性健

需：有孚，光亨，貞吉。利涉大川。
初九：需于郊。利用恆，無咎。
九二：需于沙。小有言，終吉。
九三：需于泥，致寇至。
六四：需于血，出自穴。
九五：需于酒食，貞吉。
上六：入于穴，有不速之客三人來，敬之終吉。

【譯意】

需：有誠信則光明亨通，占問吉，利於度過困難環境。
初九：停留在曠野中，持之以恒，則無災害。

九二：停留於沙灘中，少有口舌是非，最終得吉。
九三：已臨險境，招致盜寇。
六四：深陷險地，但能脫險。
九五：停留在酒食中，占之則吉。
上六：不速之客來，以禮敬之，最終得吉。

第六 ䷅ 訟 坎下乾上・情健性險

訟：有孚，窒。惕中吉。終凶。利見大人，不利涉大川。
初六：不永所事，小有言，終吉。
九二：不克訟，歸而逋，其邑人三百戶，無眚。
六三：食舊德，貞厲，終吉，或從王事，無成。
九四：不克訟，復自命，渝安貞，吉。

九五：訟元吉。

上九：或錫之鞶帶，終朝三褫之。

【譯意】

訟：有誠信，後悔懼怕。中間吉，最終還是凶。求助有權勢的人，不宜涉險境。

初六：不為爭訟之事糾纏不休，小有口舌，最終得吉。

九二：沒有在爭訟中取勝，返回後避居偏僻之地可免災。

六三：享用舊有恩德，占之雖有危厲，而最終得吉，順從上司，不居功。

九四：沒有在爭訟中取勝，返回原處但要改變初衷，安守正道則吉。

九五：爭訟開始得吉。

上九：先勝後敗，禍不單行。

第七　䷆　師　坎下坤上・情順性險

師：貞，丈人，吉無咎。

初六：師出以律，否臧凶。

九二：在師中，吉無咎，王三錫命。

六三：師或輿尸，凶。

六四：師左次，無咎。

六五：田有禽，利執言，無咎。長子帥師，弟子輿尸，貞凶。

上六：大君有命，開國承家，小人勿用。

【譯意】

師：有領導才能，吉，無災。

初六：兵乃依樂律進退，樂律無度則凶。

九二：停留於沙灘中，少有口舌是非，最終得吉。
六三：出師疑惑，以致戰敗，載屍而歸。凶。
六四：該退則退可無災害。
六五：外敵來犯，公開宣戰，沒有差錯。主帥要選對人，不然凶。
上六：論功行賞，有賢德封國立家，小人給財不給官位。

第八 比　坤下坎上・情險性順

比：吉。原筮元永貞，無咎。不寧方來，後夫凶。
初六：有孚比之，無咎。有孚盈缶，終來有他，吉。
六二：比之自內，貞吉。
六三：比之匪人。
六四：外比之，貞吉。

九五：顯比，王用三驅，失前禽。邑人不誡，吉。

上六：比之無首，凶。

【譯意】

比：吉。考察兆頭，開始即應永遠守正，無災咎。剛從不安寧中來，慢來比附者凶。

初六：誠信最重要。

六二：親輔來自內部，吉。

六三：親輔的對象是錯的。

六四：向外親輔，占問吉。

九五：光明正大外的親輔，網開一面，坦誠相處，吉。

上六：親輔無始無終，凶。

第九

䷈ 小畜　乾下巽上・情入性健

小畜：亨。密云不雨，自我西郊。

初九：復自道，何其咎，吉。

九二：牽復，吉。

九三：輿說輻，夫妻反目。

六四：有孚，血去惕出，無咎。

九五：有孚攣如，富以其鄰。

上九：既雨既處，尚德載，婦貞厲。月幾望，君子征凶。

【譯意】

小畜：亨通。西郊陰雲密布，但無雨。

初九：自己返回原處，哪有災，吉。

九二：相偕回來，吉。
九三：過剛而折，夫妻怒目而視。
六四：有誠信，擯棄憂慮，排除驚懼，無災。
九五：以誠信牽連，與共享財富。
上九：已雨又止，積蓄物質，女人占問凶，在月內既望之日，君子出征則凶。

第十 ䷉ 履 兌下乾上・情健性悅

履：履虎尾，不咥人，亨。
初九：素履，往無咎。
九二：履道坦坦，幽人貞吉。
六三：眇能視，跛能履，履虎尾，咥人，凶。武人為于大君。

九四：履虎尾，愬愬，終吉。
九五：夬履，貞厲。
上九：視履考祥，其旋元吉。

【譯意】

履：實踐雖有危險，不致受害，亨通。
初九：不受外物影響，去做無害。
九二：道路平坦，幽獨的人占之則吉。
六三：見解不明，有害於人。
九四：行險而能戒慎恐懼，最終得吉。
九五：決然而行，占之將有危厲。
上九：審視考察，返回始吉。

第十一 泰 乾下坤上・情順性健

泰：小往大來，吉亨。

初九：拔茅茹，以其彙，征吉。

九二：包荒，用馮河，不遐遺，朋亡，得尚于中行。

九三：無平不陂，無往不復，艱貞無咎。勿恤其孚，于食有福。

六四：翩翩不富以其鄰，不戒以孚。

六五：帝乙歸妹，以祉元吉。

上六：城復于隍，勿用師。自邑告命，貞吝。

【譯意】

泰：失去者小，得到者大，吉順亨通。

初九：與志同道合者共進則吉。

九二：不因偏遠而有忘行中道，捨棄朋友。

九三：盛極必衰，有口福之吉。

六四：不富也有自然誠信跟從的人。

六五：嫁女於人，以此得大福。

上六：泰極否來，不能出師。

第十二

䷋ 否　坤下乾上・情健性順

否：否之匪人，不利君子貞，大往小來。

初六：拔茅茹，以其彙，貞吉亨。

六二：包承。小人吉，大人否亨。

六三：包羞。

九四：有命無咎，疇離祉。

九五：休否，大人吉。其亡其亡，繫于苞桑。
上九：傾否，先否後喜。

【譯意】

否：上下閉塞無道，不利君子占，因陽消陰長。
初六：與志同道合者共進則吉。
六二：承色順意，小人吉，大人不順。
六三：包容小人。
九四：上司有命而無咎。眾人依附同得福祿。
九五：逆運雖去，仍須小心。
上九：逆運終結，先塞後通。

第十三 ䷌ 同人 離下乾上．情健性明

同人：同人于野，亨。利涉大川，利君子貞。

初九：同人于門，無咎。

六二：同人于宗，吝。

九三：伏戎于莽，升其高陵，三歲不興。

九四：乘其墉，弗克攻，吉。

九五：同人，先號啕而後笑。大師克相遇。

上九：同人于郊，無悔。

【譯意】

同人：合群於郊外，亨通。宜於涉越大河，利君子行其正道。

初九：合群於門外，無災。

六二：合群於宗族內則難行，。
九三：伏兵剛強，（己）三年不能動彈。
九四：登上城牆，不進攻。吉。
九五：先哭後笑，終於相遇而合群。
上九：合群於邑郊，無悔。

第十四 ䷍ 大有　乾下離上・情明性健

大有：元亨。
初九：無交害，匪咎，艱則無咎。
九二：大車以載，有攸往，無咎。
九三：公用亨于天子，小人弗克。
九四：匪其彭，無咎。

六五：厥孚交如，威如；吉。

上九：自天佑之，吉無不利。

【譯意】

大有：開始即通達。

初九：未涉及利害，無災，艱難警惕則無災。

九二：以大車載物，有所往，無災。

九三：賢能見用，能享富貴，小人不行。

九四：不以盛大驕人，無災。

六五：其誠信之交，有其威嚴。吉。

上九：上天保佑，吉，無不利。

第十五

䷎ 謙　艮下坤上・情順性止

謙：亨，君子有終。

初六：謙謙君子，用涉大川，吉。

六二：鳴謙，貞吉。

九三：勞謙，君子有終，吉。

六四：無不利，撝謙。

六五：不富以其鄰，利用侵伐，無不利。

上六：鳴謙，利用行師，征邑國。

【譯意】

謙：亨通。君子有好的結果。

初六：君子謙而又謙，用以涉越大河，吉。

六二：有名而謙，占問吉利。

九三：有功而謙，君子有好的結果，吉。

六四：無不順利，發揮其謙。

六五：不與鄰居同富，宜用討伐，無所不利。

上六：有名又謙虛，宜施武力威嚇，討伐邑國。

第十六

䷏ 豫　坤下震上・情動性順

豫：利建侯行師。

初六：鳴豫，凶。

六二：介于石，不終日，貞吉。

六三：盱豫，悔。遲有悔。

九四：由豫，大有得。勿疑。朋盍簪。

六五：貞疾，恆不死。
上六：冥豫，成有渝，無咎。

【譯意】

豫：宜於封建侯國及用兵作戰。
初六：以喜佚悅樂而聞名，將有凶。
六二：堅貞如磐石，不待終日，占問得吉。
六三：媚顏為樂，將有悔；遲疑不決，亦有悔。
九四：用娛樂而豐盛富有，勿需疑慮，朋友聚合如簪。
六五：占問疾病，定然無事。
上六：日暮佚樂，事雖成而有變。卻無災害。

第十七 隨 震下兌上・情悅性動

隨：元亨利貞，無咎。
初九：官有渝，貞吉。出門交有功。
六二：係小子，失丈夫。
六三：係丈夫，失小子。隨有求得，利居貞。
九四：隨有獲，貞凶。有孚在道，以明，何咎。
九五：孚于嘉，吉。
上六：拘係之，乃從維之。王用亨于西山。

【譯意】
隨：開始即通達而宜於守正，無災害。
初九：館舍有變，占之則吉：出門有所交遇，而得到功效。

六二：因小失大。

六三：近君子，遠小人，隨從別人，有求而得，利於守正。

九四：隨從別人而有所獲，占問則凶。存誠合原則，有何災害

九五：存誠于善美，吉。

上六：用盡方法，求人相隨。

第十八

䷑ 蠱　巽下艮上・情止性入

蠱：元亨，利涉大川。先甲三日，後甲三日。

初六：幹父之蠱，有子，考無咎，厲終吉。

九二：幹母之蠱，不可貞。

九三：幹父之蠱，小有悔，無大咎。

六四：裕父之蠱，往見吝。

六五：幹父之蠱，用譽。

上九：不事王侯，高尚其事。

【譯意】

蠱：始即亨通順利，宜於涉越大河。事先要計劃妥當，事後要檢討。

初六：整飭精神上的敗壞，要用新人。

九二：整飭物質上的敗壞，不可堅持己見。

九三：整飭精神上的敗壞，少有些後悔，無大過。

六四：寬容精神上的敗壞，行將出現羞辱。

六五：整飭精神上的敗壞，用人得當而獲名聲。

上九：潔身自愛。

第十九

䷒ **臨**　**兌下坤上・情順性悅**

臨：元，亨，利，貞。至于八月有凶。

初九：咸臨，貞吉。

九二：咸臨，吉無不利。

六三：甘臨，無攸利。既憂之，無咎。

六四：至臨，無咎。

六五：知臨，大君之宜，吉。

上六：敦臨，吉無咎。

【譯意】

臨：開始亨通順利，利於守正，到八月將有凶事。

初九：以感化之心而臨民，占問吉。

九二：以感化而臨民，吉無不利。
六三：甜言蜜諂媚，臨近無益。已知此而憂之，則無災害。
六四：親切臨近，則無災害。
六五：明睿親近，大君之所宜，吉。
上六：厚道臨民，吉利，無災害。

第二十 ䷓ 觀　坤下巽上・情入性順

觀：盥而不荐，有孚顒若。
初六：童觀，小人無咎，君子吝。
六二：窺觀，利女貞。
六三：觀我生，進退。
六四：觀國之光，利用賓于王。

九五：觀我生，君子無咎。
上九：觀其生，君子無咎。

【譯意】

觀：要淨潔誠信。
初六：觀點幼稚，小人無災，君子不為。
六二：門縫中窺視，女問吉。
六三：反省自己，而知進退。
六四：觀察一國風俗民情，以求晉陞。
九五：反省自己，君子無災。
上九：旁觀他人，君子無災。

第二十一 ䷔ 噬嗑　震下離上・情明性動

噬嗑：亨。利用獄。

初九：屨校滅趾，無咎。

六二：噬膚滅鼻，無咎。

六三：噬臘肉，遇毒；小吝，無咎。

九四：噬乾胏，得金矢，利艱貞，吉。

六五：噬乾肉，得黃金，貞厲，無咎。

上九：何校滅耳，凶。

【譯意】

噬嗑：亨通，宜於處理刑獄之事。

初九：懲治小罪，用足刑具。

六二：懲治大罪，用頭刑具。
六三：懲治惡人，遇反抗，小有不適，但無災。
九四：懲治惡人，遇反擊，宜於艱難中守正則吉。
六五：中正剛直，無災。
上九：思想錯誤，孤立無援，凶。

第二十二

䷕ 賁　離下艮上・情止性明

賁：亨。小利有攸往。
初九：賁其趾，舍車而徒。
六二：賁其須。
九三：賁如濡如，永貞吉。
六四：賁如皤如，白馬翰如，匪寇婚媾。

六五：賁于丘園，束帛戔戔，吝，終吉。

上九：白賁，無咎。

【譯意】

賁：亨通，有小利，可以有所作為。

初九：配合實際做必要的修飾。

六二：修飾儀容。

六三：修飾、潤色、長久守正則可得吉。

九四：人生的修飾，婚姻。

九五：修飾家園，不浪費雖顯吝嗇，但最終得吉。

上六：返璞歸真可以無差錯。

第二十三

䷖ **剝**　**坤下艮上・情止性順**

剝：不利有攸往。

初六：剝床以足，蔑貞凶。

六二：剝床以辨，蔑貞凶。

六三：剝之，無咎。

六四：剝床以膚，凶。

六五：貫魚，以宮人寵，無不利。

上九：碩果不食，君子得輿，小人剝廬。

【譯意】

剝：不宜有所往。

初六：剝蝕床先及床腳，滅正道，凶。

六二：剝蝕床幹，滅正道，凶。
六三：脫離遠小人而無災。
六四：剝蝕床危及肌膚，凶。
六五：率眾群小，聽命於君子，無不利。
上九：此爻，君子吉，小人凶。

第二十四 ䷗ 復　震下坤上・情順性動

復：亨。出入無疾，朋來無咎。反復其道，七日來復，利有攸往。
初九：不復遠，無祇悔，元吉。
六二：休復，吉。
六三：頻復，厲無咎。
六四：中行獨復。

六五：敦復，無悔。

上六：迷復，凶，有災眚。用行師，終有大敗，以其國君，凶；至于十年，不克征。

【譯意】

復：亨通，出入不急遽，朋友來無災。陰陽消長之道，七階段一個週期，利有所作為。

初九：不遠就返回，沒有造成大的悔恨。大吉。

六二：返歸美善，吉。

六三：屢過屢改，有危厲，無咎。

六四：獨自改過，行為中正。

六五：敦促而返，無悔恨。

上六：執迷不悟，凶，有天災人禍，禍害攸久。

第二十五 無妄　震下乾上・情健性動

無妄：元，亨，利，貞。其匪正有眚，不利有攸往。
初九：無妄，往吉。
六二：不耕穫，不菑畬，則利有攸往。
六三：無妄之災，或系之牛，行人之得，邑人之災。
九四：可貞，無咎。
九五：無妄之疾，勿藥有喜。
上九：無妄，行有眚，無攸利。

【譯意】
無妄：開始即通達而宜於守正，行動則不利。
初九：無所冀望而往，則吉。

六二：只問耕耘，不問收穫，則利有所行動。
六三：意想不到的災，冤枉牽累。
九四：正固不變則能免災。
九五：意想不到的病，不藥而癒。
上九：輕舉忘動沒好處。

第二十六

䷙ 大畜　乾下艮上・情止性健

大畜：利貞，不家食吉，利涉大川。
初九：有厲利已。
九二：輿說輹。
九三：良馬逐，利艱貞。日閑輿衛，利有攸往。
六四：童豕之牿，元吉。

六五：豶豕之牙，吉。

上九：何天之衢，亨。

【譯意】

大畜：利於守正，不求食於家，利於涉越大河。

初九：有危厲，宜於停止。

九二：車身與車軸分離。

九三：良馬馳逐，宜艱難中守正。勤於練習技藝，宜有所往。

六四：及早積蓄，大吉。

六五：勉強積蓄，吉。

上九：青雲得志，亨通順利。

第二十七 頤 震下艮上・情止性動

頤：貞吉。觀頤，自求口實。

初九：舍爾靈龜，觀我朵頤，凶。

六二：顛頤，拂經，于丘頤，征凶。

六三：拂頤，貞凶，十年勿用，無攸利。

六四：顛頤，吉，虎視眈眈，其欲逐逐，無咎。

六五：拂經，居貞吉，不可涉大川。

上九：由頤，厲吉，利涉大川。

【譯意】

頤：占之則吉，觀察他人，反求諸己。

初九：已擁有的不知把握，反而覬覦別人手上的，凶。

六二：上求養於下，違背常理，一做就有凶。

六三：頤養無道，卜問凶，長期受制，沒好處。

六四：上求養於下，吉，緊盯目標，達成願望，無咎害。

六五：違反常理，居而守正則吉，不可冒險。

上九：由上養下，戒懼則吉，利於涉險。

第二十八

䷛ 大過　巽下兌上・情悅性入

大過：棟橈，利有攸往，亨。

初六：藉用白茅，無咎。

九二：枯楊生稊，老夫得其女妻，無不利。

九三：棟橈，凶。

九四：棟隆，吉；有它吝。

九五：枯楊生華，老婦得士夫，無咎無譽。
上六：過涉滅頂，凶，無咎。

【譯意】

大過：房屋棟樑負荷過重，宜於有所往，可亨通。
初六：地位卑下，柔順則無災害。
九二：老幹長新枝，老夫得少妻，無不利。
九三：棟樑被壓彎曲，凶。
九四：棟樑隆起，則吉利；但將有悔吝。
九五：枯萎楊樹重開花，老婦又得小丈夫，無害，亦無譽。
上六：打破常規而失敗，有災，沒有怨尤。

第二十九 坎 坎下坎上・情險性險

坎：習坎，有孚維心，亨，行有尚。
初六：習坎，入于坎窞，凶。
九二：坎有險，求小得。
六三：來之坎坎，險且枕，入于坎窞，勿用。
六四：樽酒簋貳，用缶，納約自牖，終無咎。
九五：坎不盈，祇只既平，無咎。
上六：係用徽纆，寘于叢棘，三歲不得，凶。

【譯意】

坎：身處重險，有信心則能亨通，行必有賞。
初六：重重坎險，入坎險穴中，凶。

九二：坎中有險，其求僅有小得。

六三：來去皆坎，坎險且深，入坎險穴中。靜觀其變。

六四：重視精神，誠心節約相互為用，可以度過，終無災。

九五：險還未遠，敬慎則險自平，無咎災。

上六：大險有牢獄之災，被囚三年。有凶。

第三十

䷝ 離　離下離上・情明性明

離：利貞，亨。畜牝牛，吉。

初九：履錯然，敬之無咎。

六二：黃離，元吉。

九三：日昃之離，不鼓缶而歌，則大耋之嗟，凶。

九四：突如其來如，焚如，死如，棄如。

六五：出涕沱若，戚嗟若，吉。
上九：王用出征，有嘉折首，獲其匪醜，無咎。

【譯意】

離：利於守正，亨通。畜養母牛，吉。
初九：祭禮開始即應崇敬，無災咎。
六二：用黃色羅網捕獸，大吉。
九三：不能把握時機，老來徒傷悲。
九四：災害突然而至，傷害慘重。
六五：淚如雨下，憂戚歎息，博取同情，吉。
上九：君王用兵出征，擒賊王，不追究黨羽。

第三十一

䷞ 咸　艮下兌上・情悅性止

咸：亨，利貞，取女吉。

初六：咸其拇。

六二：咸其腓，凶，居吉。

九三：咸其股，執其隨，往吝。

九四：貞吉，悔亡，憧憧往來，朋從爾思。

九五：咸其脢，無悔。

上六：咸其輔頰舌。

【譯意】

咸：亨通順利，宜於守正。娶女，吉。

初六：腳大指感應，不能動人。

六二：腿肚子感應而動，凶。居家不出，吉。

九三：大腿感應而動，身體隨之而動，不宜前往。

九四：占問吉，悔事消亡。心意不定，朋友們順從你的想法。

九五：脊背感應而動，無悔。

上六：用言語感人。

第三十二

䷟ 恒　巽下震上・情動性入

恒：亨，無咎，利貞，利有攸往。

初六：浚恒，貞凶，無攸利。

九二：悔亡。

九三：不恆其德，或承之羞，貞吝。
九四：田無禽。
六五：恆其德，貞，婦人吉，夫子凶。
上六：振恆，凶。

【譯意】

恆：亨通，無咎，宜於守正，利有所往。
初六：恒久而求，占問凶，沒有什麼利。
九二：無悔事。
九三：不能恒守其德，因而蒙受羞辱，占問有吝。
九四：有才無位。
六五：恒守其德，女占吉，男占則凶。
上六：動搖失恆，凶。

第三十三

䷠ 遯　艮下乾上・情健性止

遯：亨，小利貞。
初六：遯尾，厲，勿用有攸往。
六二：執之用黃牛之革，莫之勝說。
九三：係遯，有疾厲，畜臣妾吉。
九四：好遯。君子吉，小人否。
九五：嘉遯，貞吉。
上九：肥遯，無不利。

【譯意】

遯：亨通，時機不對宜守正。
初九：在後退避，危險，靜守不要行動。

六二：退避的意志堅定，不會改變。
九三：戀舊退避，將有危險，所畜養的小人女子則吉。
九四：捨棄喜愛而去退避，君子吉利，小人不吉利。
九五：載譽而退避，占問吉。
上九：寬裕的退避，沒有不利。

第三十四

䷡ 大壯　乾下震上・情動性健

大壯：利貞。
初九：壯于趾，征凶，有孚。
九二：貞吉。
九三：小人用壯，君子用罔，貞厲。羝羊觸藩，羸其角。
九四：貞吉悔亡，藩決不羸，壯于大輿之輹。

六五：喪羊于易，無悔。
上六：羝羊觸藩，不能退，不能遂，無攸利，艱則吉。

【譯意】

大壯：利於守正。
初九：傷著腳趾，出征有凶，是肯定的。
九二：守正吉。
九三：小人逞強，君子不逞強，占之問有危厲，現下受制。
九四：守正則吉，悔事消亡。不再受綑縛限制，前途無阻。
六五：場中喪失羊，無悔
上六：進退兩難，苦撐可吉。

第三十五

䷢ 晉　坤下離上・情明性順

晉：康侯用錫馬蕃庶，晝日三接。

初六：晉如，摧如，貞吉。罔孚，裕無咎。

六二：晉如，愁如，貞吉。受茲介福，于其王母。

六三：眾允，悔亡。

九四：晉如碩鼠，貞厲。

六五：悔亡，失得勿恤，往吉無不利。

上九：晉其角，維用伐邑，厲吉無咎，貞吝。

【譯意】

晉：康侯受到賞賜的馬很多，一日之內三次接見。

初六：前進受阻，守正吉。他人不信，不計較得無咎。

六二：前進憂愁，守正吉。獲柔主賞賜。

六三：為人信任，悔事消亡

九四：才德不稱，占問凶。

六五：悔事消亡，誓必有得，勿憂愁，前往則吉，無所不利。

上九：進到極了，能退而小用可無災，不退則有災。

第三十六

䷣

明夷　離下坤上・情順性明

明夷：利艱貞。

初九：明夷于飛，垂其翼。君子于行，三日不食，有攸往，主人有言。

六二：明夷，夷于左股，用拯馬壯，吉。

九三：明夷于南狩，得其大首，不可疾貞。

六四：入于左腹，獲明夷之心，出于門庭。

六五：箕子之明夷，利貞。

上六：不明晦，初登于天，後入于地。

【譯意】

明夷：宜於艱難中守正。

初九：被小人所害，長才不得用，受到主人責備。

六二：傷害尚未重，趕快離開。

九三：征伐除害，莫急於糾正。

六四：雖入黑暗中，尚非絕境，主動退出。

六五：上主不明，立於守正。

上六：初登高位，後陷黑暗。

第三十七

䷤ 家人　離下巽上・情入性明

家人：利女貞。
初九：閑有家，悔亡。
六二：無攸遂，在中饋，貞吉。
九三：家人嗃嗃，悔厲吉；婦子嘻嘻，終吝。
六四：富家，大吉。
九五：王假有家，勿恤吉。
上九：有孚威如，終吉。

【譯意】

家人：宜於女人守正。
初九：家要防閑於始，悔事可消亡。
六二：無所抱負，在家中做飯，占問吉。
九三：治家嚴格，有傷親情，吉。治家散漫，一團喜樂，終致羞吝。
六四：使家庭富裕，大吉利。
九五：王道治家，勿憂，有吉。

上九：有誠信而又威嚴，最終得吉。

第三十八 ䷥ 睽 兌下離上・情明性悅

睽：小事吉。

初九：悔亡，喪馬勿逐，自復；見惡人無咎。

九二：遇主于巷，無咎。

六三：見輿曳，其牛掣，其人天且劓，無初有終。

九四：睽孤，遇元夫，交孚，厲無咎。

六五：悔亡，厥宗噬膚，往何咎。

上九：睽孤，見豕負塗，載鬼一車，先張之弧，後說之弧，匪寇婚媾，往遇雨則吉。

【譯意】

睽：小事吉利。

初九：悔事消亡，喪失的馬不必追尋，自己會返回，見到惡人無咎害。

九二：在小巷中遇見主人，沒有咎害。

六三：遭遇困難重重，初雖無得，終將有成。

九四：乖異孤獨之際，遇到善人，交之以誠信，雖危厲，無咎害。

六五：悔事消亡，套交情後一起前往無災害。

上九：乘異孤獨之時，見怪不怪，不是來搶奪的，是求媾合的，前往遇到舊識吉利。

第三十九 ䷦ 蹇　艮下坎上・情險性止

蹇：利西南，不利東北；利見大人，貞吉。

初六：往蹇，來譽。
六二：王臣，蹇蹇，匪躬之故。
九三：往蹇，來反。
六四：往蹇，來連。
九五：大蹇，朋來。
上六：往蹇，來碩，吉；利見大人。

【譯意】

蹇：利西南，不利東北。利於見大人。正固則吉。
初六：往遇險阻，來得榮譽。
六二：趕赴主子的危難而不顧自身也是處困境。
九三：往遇險難，返回避難。
六四：往遇險難，返回連合共濟險難。
九五：大難中朋友來助。
上六：往遇險難，來就賢士，吉。宜於見大人。

第四十 ䷧ 解　坎下震上・情動性險

解：利西南，無所往，其來復吉。有攸往，夙吉。

初六：無咎。

九二：田獲三狐，得黃矢，貞吉。

六三：負且乘，致寇至，貞吝。

九四：解而拇，朋至斯孚。

六五：君子維有解，吉；有孚于小人。

上六：公用射隼，于高墉之上，獲之，無不利。

【譯意】

解：利於西南，無可往之處，回到原處，吉。有所往早吉。

初六：無災害。

九二：田獵獲三隻狐狸，得金色箭頭，占問吉。
六三：用小人，招致失敗，占問凶。
九四：不用小人，君子自來幫助。
六五：君子被捆縛又得解脫，吉利。得到小人相信。
上六：形勢有利，會有收穫，沒有不利。

第四十一

䷨ 損　兌下艮上・情止性悅

損：有孚，元吉，無咎，可貞，利有攸往。曷之用，二簋可用享。
初九：已事遄往，無咎，酌損之。
九二：利貞，征凶，弗損益之。
六三：三人行，則損一人；一人行，則得其友。
六四：損其疾，使遄有喜，無咎。

六五：或益之，十朋之龜弗克違，元吉。

上九：弗損益之，無咎，貞吉，利有攸往，得臣無家。

【譯意】

損：有誠信，開始即吉，無咎害，可以守正。宜有所往，簡約用二簋享祀。

初九：既往不究，不會有咎害，還在斟酌就會損害。

九二：宜於守正，征討則凶，不要損減，而要增益。

六三：三人同行，則損一人，一人獨行，則要找個伴。

六四：減輕疾病的事要速辦，有喜，無咎害

六五：不定的增益，毫不懷疑，大吉。

上九：不要減損而要增益，無咎害。堅持正道就吉祥，宜有所往。得臣全心輔佐。

第四十二

䷩ 益　震下巽上・情入性動

益：利有攸往，利涉大川。
初九：利用為大作，元吉，無咎。
六二：或益之，十朋之龜弗克違，永貞吉。王用享于帝，吉。
六三：益之用凶事，無咎。有孚中行，告公用圭。
六四：中行，告公從。利用為依遷國。
九五：有孚惠心，勿問元吉。有孚惠我德。
上九：莫益之，或擊之，立心勿恆，凶。

【譯意】

益：宜有所往，宜涉越大河。
初九：利用益道，大有可為。

六二：不定的增益，毫不懷疑，永遠正固吉。

六三：增益施用於凶事，無災咎。心存誠信，中道而行，要有憑藉。

六四：隨中道而行，公開宣佈，獲取認同支持，舉國遷移大事也是如此作。

九五：誠信惠施於人，不必占問開始即吉。有誠信且惠施於我，必有所得。

上九：得不到增益，受到攻擊，存心不常，凶。

第四十三

䷪ 夬　乾下兌上・情悅性健

夬：揚于王庭，孚號，有厲，告自邑，不利即戎，利有攸往。

初九：壯于前趾，往不勝為咎。

九二：惕號，莫夜有戎，勿恤。

九三：壯于頄，有凶。君子夬夬，獨行遇雨，若濡有慍，無咎。

九四：臀無膚，其行次且。牽羊悔亡，聞言不信。

九五：莧陸夬夬，中行無咎。

上六：無號，終有凶。

【譯意】

夬：在王朝庭上宣揚，竭誠疾呼將有危險。告誡自己封邑內的人，不宜於立即動武，利有所往。

初九：腳前趾受傷，前往不勝，有災咎。

九二：驚懼大呼，黑夜有敵情，不必憂愁。

九三：臉面受傷，有凶。君子決然而去，獨行遇雨而濕，雖然氣憤，卻無咎害。

九四：臀部無皮，行動趑趄困難，有志一同而行則悔事消亡，聽者不信。

九五：小人盡去，行中道無咎害。

上六：無處呼號，最終有凶。

第四十四 ䷫ 姤　巽下乾上・情健性入

姤：女壯，勿用取女。

初六：繫于金柅，貞吉，有攸往，見凶，羸豕孚蹢躅。

九二：包有魚，無咎，不利賓。

九三：臀無膚，其行次且，厲，無大咎。

九四：包無魚，起凶。

九五：以杞包瓜，含章，有隕自天。

上九：姤其角，吝，無咎。

【譯意】

姤：女壯健，勿娶該女為妻。

初六：小人初長，應加阻止。

九二：阻止小人，無災咎，不要輕信外來者。
九三：臀部無皮，行動困難，有危厲，無大災。
九四：沒有包容下屬，起凶事。
九五：以德包容下屬，美德自上往下施行。
上九：位高而性剛，難與人合，無災咎。

第四十五

䷬萃　坤下兌上・情悅性順

萃：亨。王假有廟，利見大人，亨，利貞。用大牲吉，利有攸往。
初六：有孚不終，乃亂乃萃，若號一握為笑，勿恤，往無咎。
六二：引吉，無咎，孚乃利用禴。
六三：萃如，嗟如，無攸利，往無咎，小吝。
九四：大吉，無咎。

九五：萃有位，無咎。匪孚，元永貞，悔亡。

上六：齎咨涕洟，無咎。

【譯意】

萃：亨通，王至宗廟。宜於見有權勢的人，亨通，宜於守正。用大的牲畜祭祀吉。利於有所往。

初六：誠信無法堅持，紊亂的聚集，先哭後握手言歡，勿憂慮，前往無咎。

六二：因小失大。

六三：聚集歎息，沒有什麼利，前往無咎，稍有吝難。

九四：大吉，無咎。

九五：聚而有其位，無咎害，不誠信，開始即恒守正道，可無悔事。

上六：悲嘆，淚涕滿面，無咎害。

第四十六

䷭ 升　巽下坤上・情順性入

升：元亨，用見大人，勿恤，南征吉。

初六：允升，大吉。

九二：孚乃利用禴，無咎。

九三：升虛邑。

六四：王用亨于岐山，吉無咎。

六五：貞吉，升階。

上六：冥升，利于不息之貞。

【譯意】

升：開始即亨通。宜見有權勢的人，不要憂慮，往南出征則吉。

初六：進而登高大吉。

九二：有誠因而宜於夏祭。無咎害。
九三：登上高丘城邑。
六四：大王祭禮于岐山，吉，無咎害。
六五：守正則吉，登階而上。
上六：冥中之登，宜於不停止依守正道。

第四十七

困　坎下兌上・情悅性險

困：亨，貞，大人吉，無咎，有言不信。
初六：臀困于株木，入于幽谷，三歲不見。
九二：困于酒食，朱紱方來，利用亨祀，征凶，無咎。
六三：困于石，據于蒺藜，入于其宮，不見其妻，凶。
九四：來徐徐，困于金車，吝，有終。

九五：劓刖，困于赤紱，乃徐有說，利用祭祀。
上六：困于葛藟，于臲卼，曰動悔。有悔，征吉。

【譯意】

困：亨通，占問大人則吉，無災咎。困境中，雖有言相說而人皆不信。
初六：困坐在樹幹上，在幽暗的山谷中，三年不能與人見面。
九二：酒食不足，祭服剛被送來。用以祭祀。出征則有凶。但無咎害。
六三：亂石擋道；又有蒺藜據於其上，入於宮室而看不到妻子。凶。
九四：緩緩安行而來，困於富貴，雖有吝難，卻有好的結果。
九五：割鼻斷足之刑，困於祿位，將逐漸脫離困境，用祭祀。
上六：困於草莽，慌惑不安，動而有悔。有悔，出征則吉。

第四十八

䷯ 井　巽下坎上・情險性入

井：改邑不改井，無喪無得，往來井井。汔至，亦未繘井，羸其瓶，凶。

初六：井泥不食，舊井無禽。

九二：井谷射鮒，瓮敝漏。

九三：井渫不食，為我心惻，可用汲，王明，並受其福。

六四：井甃，無咎。

九五：井洌，寒泉食。

上六：井收勿幕，有孚無吉。

【譯意】

井：村邑搬遷，井不會變動。因而無得無失。來來往往從井中取水，還未提到井口，就毀壞了水瓶，有凶。

初六：井中只有泥，不能取水食用，這舊井連飛鳥也不來。

九二：井底射魚，甕罐破漏。

九三：井已修治好，卻沒人食用，我心悲切。可汲用的，唯有明主，普遍受其福澤。

六四：修治井，無咎害。

九五：井水清洌，冷泉可以食用。

上六：井已完成，不必在井口加蓋，誠信大吉。

第四十九

䷰

革　離下兌上・情悅性明

革：己日乃孚，元亨利貞，悔亡。

初九：鞏用黃牛之革。

六二：己日乃革之，征吉，無咎。

九三：征凶，貞厲，革言三就，有孚。

九四：悔亡，有孚改命，吉。

九五：大人虎變，未占有孚。

上六：君子豹變，小人革面，征凶，居貞吉。

【譯意】

革：已日才有變革的誠心，開始即亨通，宜於守正，悔事消亡。

初九：改革之初，不可急動。

六二：已日才能施行變革的大計，出征吉，無咎災。

九三：出征凶，占問有危，變革須經三次合計才成。要有信心。

九四：悔事消亡，有誠，改革政權吉。

九五：大人改革如虎皮燦爛，未占則有誠。

上六：君子改革如豹皮燦爛，平民改革，僅及面貌，續行改革有凶，安定不動則吉。

第五十

䷱ 鼎　巽下離上・情明性入

鼎：元吉，亨。

初六：鼎顛趾，利出否，得妾以其子，無咎。
九二：鼎有實，我仇有疾，不我能即，吉。
九三：鼎耳革，其行塞，雉膏不食，方雨虧悔，終吉。
九四：鼎折足，覆公餗，其形渥，凶。
六五：鼎黃耳金鉉，利貞。
上九：鼎玉鉉，大吉，無不利。

【譯意】

鼎：開始即吉，亨通順利。
初六：鼎顛倒其足以除腐敗物，有如娶妾因其得子，無咎災。
九二：鼎中有食，我妻有病，不能接近我，吉利。
九三：鼎耳丟失，移動困難，美味的雉膏不能食用，天剛下雨點，陰雲又散去，終將得吉。
九四：鼎足折斷，八珍菜粥傾倒出來，沾濡了四周，凶。
六五：鼎有黃耳，金鉉，利於守正。

上九：鼎有玉鉉，大吉，無不利。

第五十一

䷲ 震　震下震上・情動性動

震：亨。震來虩虩，笑言啞啞。震驚百里，不喪匕鬯。

初九：震來虩虩，後笑言啞啞，吉。

六二：震來厲，億喪貝，躋于九陵，勿逐，七日得。

六三：震蘇蘇，震行無眚。

九四：震遂泥。

六五：震往來厲，億無喪，有事。

上六：震索索，視矍矍，征凶。震不于其躬，于其鄰，無咎。婚媾有言。

【譯意】

震：亨通，雷電襲來令人哆嗦。談笑自如。雷驚百里，祭祀沒有失禮。

初九：雷電襲來令人哆嗦，過後卻談笑自如，有吉。

六二：震雷來勢猛厲。多喪失財帛，逃避深山，失物莫勿追，七天後失而復得。

六三：震雷止而復起，雷電中行走無災。

九四：霹靂墜入泥中。

六五：雷電來往猛厲，恐怕無大的損失，將要發生事情。

上六：雷聲令人恐懼不安，驚慌瞻前顧後，出征有凶。雷不擊其身，而擊鄰人，無災眚。配偶有責難之言。

第五十二

䷳ 艮　艮下艮上・情止性止

艮：艮其背，不獲其身，行其庭，不見其人，無咎。

初六：艮其趾，無咎，利永貞。

六二：艮其腓，不拯其隨，其心不快。
九三：艮其限，列其夤，厲薰心。
六四：艮其身，無咎。
六五：艮其輔，言有序，悔亡。
上九：敦艮，吉。

【譯意】

艮：止其背，整個身體則不能動。在庭院中行走，卻見不到人，無咎害。
初六：腳趾止而不動，無咎災，利於永遠守正。
六二：小腿肚子止而不動，無法抬腿，心裏不痛快。
九三：腰止而不能動，脊肉被撕裂。危厲中心急如焚。
六四：止身不動，無咎。
六五：面頰兩旁不動，說話井井有序。無後悔之事。
上九：敦厚知止，則有吉。

第五十三 ䷴ 漸　艮下巽上・情入性止

漸：女歸吉，利貞。
初六：鴻漸于干，小子厲，有言，無咎。
六二：鴻漸于磐，飲食衎衎，吉。
九三：鴻漸于陸，夫征不復，婦孕不育，凶；利御寇。
六四：鴻漸于木，或得其桷，無咎。
九五：鴻漸于陵，婦三歲不孕，終莫之勝，吉。
上九：鴻漸于逵，其羽可用為儀，吉。

【譯意】

漸：女子出嫁，吉，利於守正。
初六：如鴻雁進息於河岸，小子有危厲，遭人指責，無災咎。

六二：鴻雁進息于磐石，飲食而喜樂。吉。

九三：如鴻雁進息於高地，丈夫出征不返回，婦女懷孕不生育，凶。利於防禦盜寇。

六四：鴻雁進息于樹木，有的在方木椽上歇息，無災咎。

九五：如鴻雁進息於丘陵，婦人三年不懷孕，終不能為人所勝。吉。

上九：大雁棲息於高地，它的羽毛可用於裝飾。吉。

第五十四

䷵ 歸妹　兌下震上・情動性悅

歸妹：征凶，無攸利。

初九：歸妹以娣，跛能履，征吉。

九二：眇能視，利幽人之貞。

六三：歸妹以須，反歸以娣。

九四：歸妹愆期，遲歸有時。
六五：帝乙歸妹，其君之袂，不如其娣之袂良，月幾望，吉。
上六：女承筐無實，士刲羊無血，無攸利。

【譯意】

歸妹：出征凶，無所利。
初九：以妾的身分出嫁，如跛腳能走，出行吉。
九二：一眼盲還能看，宜於幽居的人守正。
六三：出嫁以姐，回來，改嫁妹。
九四：少女出嫁延期，遲嫁因有所待。
六五：帝乙嫁女，其君夫人的衣飾不如隨嫁妹妹衣飾好看。在既望日則吉。
上六：少女盛奩具的筐裏沒有東西，男子宰羊無血流出，無所利。

第五十五 ䷶ 豐 離下震上・情動性明

豐：亨，王假之，勿憂，宜日中。

初九：遇其配主，雖旬無咎，往有尚。

六二：豐其蔀，日中見斗，往得疑疾，有孚發若，吉。

九三：豐其沛，日中見昧，折其右肱，無咎。

九四：豐其蔀，日中見斗，遇其夷主，吉。

六五：來章，有慶譽，吉。

上六：豐其屋，蔀其家，窺其戶，闃其無人，三歲不見，凶。

【譯意】

豐：舉行祭祀，大王親至，勿憂慮。宜在中午進行。

初九：遇到匹配對手，唯于十天內無災，前往有獎賞。

六二：盛大的掩敝，中午出現星斗。前往被猜疑，有誠可去其疑，吉利。

九三：盛大的掩敝，中午出現小星，折斷了右臂，無咎災。

九四：盛大的掩敝，中午出現星斗，遇見了平等的對手，吉利。

九六：重現光明，人們歡慶讚美。吉利。

上六：寬大的屋，陰影遮蔽了家，窺視其門戶。空無人跡，三年不見。凶。

第五十六

旅　艮下離上・情明性止

旅：小亨，旅貞吉。

初六：旅瑣瑣，斯其所取災。

六二：旅即次，懷其資，得童僕，貞。

九三：旅焚其次，喪其童僕，貞厲。

九四：旅于處，得其資斧，我心不快。

六五：射雉一矢亡，終以譽命。

上九：鳥焚其巢，旅人先笑後號咷。喪牛于易，凶。

【譯意】

旅：小事亨通，旅途中守正則吉。

初六：旅途中，猥鎖卑賤，此其所以取災。

六二：旅人住進旅館，身上帶有錢財。又有童僕忠貞。

九三：旅人焚燒旅館，喪失忠貞的奴僕，十分危厲。

九四：因旅途受阻，而得到財貨，但心中不快。

六五：射野雞，損失一隻箭，最終得榮譽而受爵命。

上九：鳥巢被焚，旅人先笑後哭號，喪牛於場，凶。

第五十七

䷸ 巽　　巽下巽上・情入性入

巽：小亨，利攸往，利見大人。

初六：進退，利武人之貞。

九二：巽在床下，用史巫紛若，吉無咎。

九三：頻巽，吝。

六四：悔亡，田獲三品。

九五：貞吉悔亡，無不利。無初有終，先庚三日，後庚三日，吉。

上九：巽在床下，喪其資斧，貞凶。

【譯意】

巽：小事亨通，利於有所往，宜於見大人。

初六：進退不決，宜於武人守正。

九二：伏入床下，用很多祝史，巫覡為之祈福，吉，無災咎。

九三：頻繁地發布，則有難。

六四：後悔消失，田獵時獲得三種獵物。

九五：守正則吉，悔事消亡沒有不利的。雖無善始，但有善終，庚日前三天，後三天吉祥。

上六：伏入床下，喪失資財器用，正固有凶。

第五十八

兌　兌下兌上・情悅性悅

兌：亨，利貞。

初九：和兌，吉。

九二：孚兌，吉，悔亡。

六三：來兌，凶。

九四：商兌未寧，介疾有喜。
九五：孚于剝，有厲。
上六：引兌。

【譯意】

兌：守正才會亨通。
初九：表面和悅則吉。
九二：內心和悅則吉，沒有懊悔。
六三：諂媚求悅則凶。
九四：商量中融洽喜悅，但事情未定。若是小事情則好（大事就不好）。
九五：信任小人，有危害。
上六：因勢誘導的取悅。

第五十九

䷺

渙　坎下巽上・情入性險

渙：亨。王假有廟，利涉大川，利貞。

初六：用拯馬壯，吉。

九二：渙奔其機，悔亡。

六三：渙其躬，無悔。

六四：渙其群，元吉。渙有丘，匪夷所思。

九五：渙汗其大號，渙王居，無咎。

上九：渙其血，去逖出，無咎。

【譯意】

渙：亨通。大王至宗廟，利於涉越大河，宜於守正。

初六：取用壯馬拯救，吉。

九二：渙之初，尚有後援，悔亡。
六三：不顧自己，沒有懊悔。
六四：散去群眾，大吉。散去丘陵，非平時思慮所及。
九五：出汗，發布重大命令，散去君王的積聚，無災咎。
上九：消散傷害，去遠避，無災咎。

第六十

節　兌下坎上・情險性悅

節：亨。苦節不可貞。
初九：不出戶庭，無咎。
九二：不出門庭，凶。
六三：不節若，則嗟若，無咎。
六四：安節，亨。

九五：甘節，吉；往有尚。
上六：苦節，貞凶，悔亡。

【譯意】

節：亨通。過度的節制，不能長久。
初九：不出內院，無災。
九二：不出庭院，則凶。
六三：不節儉，必然會帶來憂愁歎息。但卻無咎災。
六四：安于節儉，亨通。
九五：以節儉為美，這是吉利的，前往必有賞。
上六：過度的節制，雖正也凶，懊悔消失。

第六十一

䷼

中孚　兌下巽上・情入性悅

中孚：豚魚吉，利涉大川，利貞。

初九：虞吉，有他不燕。

九二：鳴鶴在陰，其子和之，我有好爵，吾與爾靡之。

六三：得敵，或鼓或罷，或泣或歌。

六四：月幾望，馬匹亡，無咎。

九五：有孚攣如，無咎。

上九：翰音登于天，貞凶。

【譯意】

中孚：如豚魚則吉，利於涉越大河，利於守正。

初九：安則吉，有意外則不安。

九二：鶴在樹蔭之下鳴叫，小鶴應聲而和，我有美酒，我願與你共用。

六三：打敗了敵人，有擊鼓者，有罷休者，有哭泣者；有歌唱者。

六四：在既望之日，馬匹喪失，但卻無咎。

九五：存有誠信繫戀，無災。

上九：雞鳴升天，占問凶。

第六十二

䷽

小過　艮下震上・情動性止

小過：亨，利貞，可小事，不可大事。飛鳥遺之音，不宜上宜下，大吉。

初六：飛鳥以凶。

六二：過其祖，遇其妣；不及其君，遇其臣；無咎。

九三：弗過防之，從或戕之，凶。

九四：無咎，弗過遇之。往厲必戒，勿用永貞。

六五：密雲不雨，自我西郊，公弋取彼在穴。
上六：弗遇過之，飛鳥離之，凶，是謂災眚。

【譯意】

小過：亨通，宜於守正，可以做小事，不可以做大事。飛鳥過後遺音猶在，不宜上，而宜於下，大吉。

初六：鳥高飛而凶。
六二：越過祖父而與祖母相見，不到君王那裏，而與臣輔相遇，無害。
九三：超越未過，應有所防範，再過份有被殺的危險。凶。
九四：無害，超越未過，遇有機會，再超越必定要戒慎，不要呆板墨守成規。
六五：才力不足任其位，超越不成。
上六：沒有機遇而去超越，如飛鳥好高騖遠，有凶，這就叫災禍。

第六十三 既濟 離下坎上・情險性明

既濟：亨，小利貞，初吉終亂。

初九：曳其輪，濡其尾，無咎。

六二：婦喪其茀，勿逐，七日得。

九三：高宗伐鬼方，三年克之，小人勿用。

六四：繻有衣袽，終日戒。

九五：東鄰殺牛，不如西鄰之禴祭，實受其福。

上六：濡其首，厲。

【譯意】

既濟：亨通，是小事亨通，宜於守正。最初吉利。最終混亂。

初九：拖拉車輪，沾濕了車尾，無災咎。

六二：婦人丟失了頭上的首飾，不要追尋，七天即失而復得。
九三：殷高宗討伐鬼方，經過了三年才取勝，不可起用小人。
六四：有盛服卻穿破衣，無時不戒懼。
九五：東鄰盛大祭祀，不如西鄰簡單的祭祀，而實際受到上天賜福。
上六：弄濕了頭，有危厲。

第六十四

䷿未濟　坎下離上・情明性險

未濟：亨，小狐汔濟，濡其尾，無攸利。
初六：濡其尾，吝。
九二：曳其輪，貞吉。
六三：未濟，征凶，利涉大川
九四：貞吉，悔亡，震用伐鬼方，三年有賞于大國。

六五：貞吉，無悔，君子之光，有孚，吉。
上九：有孚于飲酒，無咎，濡其首，有孚失是。

【譯意】

未濟：亨通，小狐狸幾乎渡過河時，沾濕了尾巴，沒有什麼利。
初六：沾濕了尾巴，將有吝羞的。
九二：拖拉車輪，占問吉。
六三：未能成功，出征則凶，利於涉越大河。
九四：守正則吉，後悔事消失。振奮起來討伐鬼方，三年征服，得到大國的獎賞。
六五：守正則吉，無後悔事。君子的光輝，在於有誠信，這是吉利的。
上九：寓誠信於飲酒之中，無咎害，但沉溺以於酒食，則有誠而失正。

七、占例

【例一】 己年卯月甲寅日，有男士求占能否做校長？（易學六爻預測・李洲）

遇乾䷀之䷅訟卦。

斷曰：能如願升職為校長，但危機四伏。約七個月左右就有官司之禍。

事實：及後果然入獄三月，另奔它處。

解析：乾卦尊貴之象，問升任校長與否應當吉斷，但卯月金氣休囚，須自己再做一些動作或至辰月可如願。變卦䷅訟有官司之應，坎險在內卦，初、二、三，三爻皆不正，此禍由自招，怪不得別人，應期可由卦序「乾坤屯蒙需訟師」由乾起六到訟，故當校長六個月後事跡敗露；亦可由卦氣斷冬月水旺，坎險最大時為官司纏身之際。

裝卦的方法正確，一次裝一個卦者，先裝上卦，後裝下卦；一次裝一爻者，由初爻、二爻依序由下往上裝卦。無論解卦的方法，是用六親生剋，體用生剋，或卦辭爻辭，只要已掌握該術的法門，則吉凶的結論是不會因方法的不同而南轅北轍的。

【例二】　二〇〇四年十二月二十七日報載國際影星李連杰一家四口早前到馬爾代夫度假，卻不幸遇上印尼地震觸發的海嘯，生死未卜。卜問其安危？（摘自葉志超先生卦例）

遇䷁坤卦。

斷曰：卦辭《君子有攸往，先迷後得主，利西南得朋》，顯然是有人相助而安全無事。

李連杰恰恰是在香港的西南方位。

事實：二十九日證實，海嘯發生後，迅速得到酒店的優先安排而暫住員工的宿舍，比起眾多災民，顯然是「幸福得多」！「先迷後得主，利西南得朋。」果然！

【例三】 卦例欣賞（日本・倪國州）

某俠士參加一個喪禮時，向朋友借了一把漂亮的配刀。葬禮結束後，他便將配刀送還該朋友。可是二十天候，這位朋友卻告訴他，還回他的那把配刀，不是原來借出去的那把，追問他原因，並希望他把原來那把配刀找回來。

這位俠士找了幾位當時喪禮帶配刀的人，都說沒有拿錯。於是某俠士便懷疑是否他去借之前，有人借過了，還錯刀給主人，所以他借的自然是假刀，但事到如今無法說清楚了，於是求助易家，占測一卦。

遇屯䷂之䷗復卦。

易家斷曰：

一、配刀是參加喪禮脫換衣服時，無意中給人拿錯了。

二、拿錯配刀的人住在喪家的北方。

三、這把配刀現在當鋪裡，該當鋪位於拿錯配刀人的家的東方。

四、找到拿錯配刀的人，一起去當鋪可取回配刀。

後果如其占，找回配刀還給刀主。

其卦理如下：屯，難也，是占問時的情況。䷂屯卦是䷬由萃卦推移而來，所以拿錯刀的原因在萃卦裡。萃為聚集，因此是大家聚集在一塊時拿錯了。何人？何時？拿錯的，因䷬有裸體之象，故推斷是參加喪禮，剛進入脫換喪服時拿錯的，那時兩把刀放在一起䷬（兩陽爻，象兩刀），某俠士把九四爻這把刀帶回，歸還原借刀處（初爻）變成䷂。屯的上卦為坎，所以斷定拿錯刀的人在喪家北方，但是變䷗復卦，刀子（陽爻）在東方（☳卦），震卦又有當舖之象，所以斷在拿錯刀者其家東邊的當舖。

【例四】　二〇〇四年十月四日某女問：空姐面試能成功過關嗎？

遇蒙䷃之䷆師卦。

斷曰：會再通知面試或補資料什麼的，不會就這樣決定是否錄取。

事實：二〇〇四年十月七日某女回饋航空公司通知十月十八日第二次面試。

【例五】　卯年未月辛酉日，問職考能否錄取？（易經實用預測・楊維增、

凌志軒）

遇需䷄之䷿未濟卦。

斷曰：需，等待也，未濟，未完成之意，明示『名落孫山』。

事實：果然！

【例六】 某與一富人交往甚密經常往其家中小坐，後因受富人之友中傷，富人對其態度冷淡，意欲與該造謠者理論，未知可否？

遇訟䷅之䷉履卦。

斷曰：訟初六：不永所事，小有言，終吉。訟是言語爭論，表示會有好多閒言閒語，但一定要忍耐，終吉，事情最後會真相大白的。

事實：富人明白真相後，對某所受委屈深覺過意不去，友誼反更堅固。

【例七】 二〇〇四年十一月二十四日問：今天摩托車遺失，找得回來嗎？

遇師䷆之䷻節卦。

斷曰：找回希望渺茫。

事實：沒找回。

【例八】 丙子月壬子日，問子應聘招工之成敗？（周易預測例題解・邵偉華）

遇比䷇之䷜坎卦。

斷曰：比卦，一陽卦，九五中正，為飛龍在天，二爻得位與九五有應，故能錄取。

事實：果然！

【例九】 二〇〇四年十一月二十四日某女職員問：公司可否在占卜當天收回B公司的倒帳？

遇小畜䷈之䷀乾卦。

斷曰：一陰卦，坤卦六四：括**囊**，無咎，無譽。中間會有爭吵，全數要回不太可能，要回部份，但由卦氣看是對方得氣，若非老闆自己去討回的話，可能分文未要回，還鎩羽而返。

事實：女職員當天未時的時候去B公司收錢，結果那個公司的負責人又再度避不見面（一直都這樣）原本連公司都進不去的，因為……真複雜……那個公司也欠房東好多月房租，房東不讓任何人進那個公司，女職員跟房東說要報警，房東才讓她進入。好了負責人不出面，員工又不管所以依照約定這個女生要把貨搬回去，結果房東又不讓她搬，還找黑道出面……當天無功而返。

【例十】 卦例欣賞（日本・高島呑象）

橫濱商人某氏因近來商業不振，得不償失，欲移居于東京，別創事業，求助高島問前途吉凶。

遇履䷉之䷅訟卦。

易家斷曰：履初九：素履，往無咎。此卦兌之少女，履乾父之後，明明教人以謹守先業。商務之通塞，未可拘一時而論，物價高低，隨時變換，前失後得，亦事之常，何必遽作改計？不如守舊，久必亨通也，故曰：「素履，往無咎。」

事實：某氏聽從高島的建言，打消往東京另謀發展的念頭，仍留在橫濱，從事舊業，未幾而商機一變，大獲利益。

【例十一】　卦例欣賞（日本・高島吞象）

明治二年，某藩士氏來，請占從事商業之可否？

遇泰䷊之䷭升卦。

斷曰：泰初九：「拔茅茹，以其彙，征吉。」此卦其象為天氣徹微地下，地氣升騰天上；以人事言之，是彼我相合，上下相通之會也，故謂之泰。今得初爻，其辭曰「拔茅茹」，夫茅之為物，其莖雖分生，其根則相連。想足下舊交，必有奉職宦途者，就其人而謀仕途，事可必成。餘觀足下之貌，適於為官，不適於為商。余據《易》理斷之，知足下之人品才力，宜從友人而謀進身也。

事實：後此人果從事仕官，漸得升遷。

【例十二】　亥月　某男問她喜歡我嗎？

遇否䷋之䷢晉卦。

斷曰：否卦，天自為天，地自為地，天地不交，陰陽不協，此卦問男女感情為不來電之象也，女方並不喜歡某男。

事實：某男約她好幾次，對方總是藉口不應邀。

【例十三】　二〇〇四年八月某男問健康，開刀好嗎？

遇䷌同人卦。

斷曰：此卦上乾下離，離火剋乾金，為剋出，時序已過立秋，火剋金，情勢不妙。

卦示不要動手術，以免挑起離火。

事實：某因病正化療中，考慮動手術。

【例十四】　某商店經理發現做買賣的三百元不見了，問卜於高明山遇大有䷍之䷙大畜卦。

斷曰：大有・九四：「匪其彭，無咎。」，匪字就是非，非形似長方形的竹子盒器，據此，判斷是放在一個放貴重東西的長方形盒子裡，動四爻在上卦，盒子在樓上。

事實：果然在商家二樓的一個長方形盒子找到這筆前錢。

【例十五】　午年戌月壬戌日，某市常委歷任九年，求占能否昇任市長之職？（易學六爻預測・李洲）

遇謙䷎之䷦蹇卦。

斷曰：艮為門闕，居內卦，可能是下面一個區的中心人物而已。謙六五：不富，以其鄰，利用侵伐，無不利。變卦蹇，難難行也，升官難也。

事實：半個月後，被調往南邊區里做書記。

【例十六】　二〇〇五年二月十三日某女問：營業執照不見了，能否找到？

什麼時候找到？

遇豫䷏之䷯井卦。

斷曰：營照未丟，在抽屜或夾在某兩物之間。七天內可尋獲。

事實：兩日後在抽屜找出。

【例十七】 某老闆向銀行交涉貸款，行方態度曖昧，問：可貸款可成嗎？

遇䷐隨卦。

斷曰：補充財務資料，可順利核貸。

事實：加強財務資料送件後，很快就貸到所需款項。

【例十八】 卦例欣賞（古例）

僖公十五年，晉國發生饑荒，秦穆公曾援之；但次年秦國發生饑荒，晉國卻未予援助。穆公大怒並率兵伐晉，臨行前命卜徒父筮戰爭結果。

遇䷑蠱卦。

斷曰：吉：「涉河，侯車敗。」詰之。對曰：「乃大吉也。三敗，必獲晉君。其卦遇蠱，曰『千乘三去，三去之餘，獲其雄狐』。夫狐蠱，必其君也。蠱之貞，風也；其悔，山也。歲云秋矣，我落其實，而取其材，所以克也。實落、材亡，不敗，何待？」。

解析：「夫狐蠱，必其君也。」卜徒父將敵人比喻為狐，這是由卦名聯想而來的。

因為蠱的本義是敗壞飲食的蟲子，狐是偷吃家禽的野獸，都是危害人的東西。而晉惠公狡猾如狐，曾佔了秦國一次便宜，是秦國的大患，所以斷定狐蠱為晉惠公。接著，再根據卦象來講，蠱為下巽（內卦）上艮（外卦），巽為風，艮為山，所以說：「蠱之貞，風也；其悔，山也。」依筮法，內卦（風）代表問卦者（秦），外卦（艮）代表問卦者的對方（晉），由此可知，蠱的內卦巽風象徵秦國，外卦艮山象徵晉國，風吹過了山頭，吹落了他們的果實，取得了他們的木材，表示如風一般的秦國可以戰勝，所以說「我落其實，而取其材，所以克也。」從象徵山的晉國觀之，果實落地且木材喪失，必定遭受失敗。因此說「實落材亡，不敗何待？」

【例十九】 卦例欣賞（尚秉和）

乙丑七月初七日，夜，友人常朗齋過訪，談及時局云：直奉謠傳將開戰，然時起時滅，令余卦其如何？

遇臨䷒之䷯井卦。

斷曰：坤眾，震（臨卦二至四互震）起，兌為毀折，風激浪泳（井象），凶始於八月（臨象：「八月有凶」），朗齋云：北方有戰事否？曰：坤變坎，坤西南方，坎北方，必始於西南而延及於北，且按卦象論之，北方戰禍必甚於南方。井二至四互兌，三至五互離，而皆與坎連，有無處非甲兵、非毀折之象。朗齋云：止於何時日？坤西南位申而變坎，坎北方位子丑，其起於酉月，終於丑月乎？

事實：及八月至中秋，戰謠又息，謂卦不驗矣。不意，至陰曆二十五日，江浙戰事忽起，奉軍退出蘇皖戰事之由，起於西南吳佩孚之為聯軍總司令也。及至陰曆十月中旬，奉軍郭松齡忽然倒戈，又數日，直督李景林忽然與馮宣戰，於是，津浦路、京津路，北方戰事遂烈。及至十一月，馮軍入津，郭松齡入奉亦敗，至十二月戰事暫停，卦象無一不與事實相應，雖曰人事，若有天定。

【例二十】　卦例欣賞（日本・倪國州）

某欲購一屋，與屋主幾經討價還價仍談不攏，因此問卜可買成此屋否？

遇䷓觀卦。

斷曰：觀即觀察，觀卦䷓是大艮卦，艮為止，所以暫時持觀望態度，不要積極行動，等待好的時機，如此才符合卦示。若要看對方意向如何，則用觀卦的綜卦䷒地澤臨卦斷之，臨表示要來，也有進行之意，而臨是大震卦，震為春季，又為動，因此對方會在明年春天主動找你售屋的事。

事實：過完年，初春之時，屋主果然主動找問卜的人洽商。

【例二十一】　二〇〇三年五月某男問氣運。

遇䷔噬嗑卦。

斷曰：「詩曰：噬者齧也，嗑者合也，謀望卑安，求財且且，病重訟凶，孕憂婚寡，去礙除奸，惟道有者。」火雷噬嗑，震木生出離火，時為夏季火旺，震木休囚幾無生機矣。內卦震為動而力不足，想動而未動；外卦火旺，外面的形勢大好，有吸引人的條件。所以可斷某男目下氣運低迷，很想有一番作為，但是遲未行動，想動卻未動，外境卻佳，問題顯然在自己困住自己，非不能為，不為也，「噬者齧也，嗑者合也」要像雷電般威猛，斷九四之作梗，才能合而得食。

事實：某男目前任職，認為吃人頭路並非長久之計，也有開展自己事業的構想，但是擔心創業失敗，一直無法下決心。

【例二十二】 卦例欣賞（古例）孔子自占氣運。

遇䷕賁卦。

《孔子家語》：孔子常為自己占卜，一日占得火山賁卦，悵然有不平之色。

弟子子張問曰：「老師，聽說賁卦為吉利之占，老師為何有不平之色？」孔子回答：「賁，山下有火也，有修飾、文飾之義，有染色成文之象，本來不是正色之卦。對色質來說，黑白才是正色。今日占得賁卦，並非我的好兆頭啊！

我聽說丹漆不需紋飾，白玉無需雕琢，這是為什麼呢？質地剛正有餘，不需要接受紋飾。」

事實：賁：「亨。小利有攸往。」孔子無法行救國拯民的大志，只以《詩經》、《書經》傳授於後世。

【例二十三】　某問家人病況？

遇䷖剝卦。

斷曰：山地剝，一陽卦，唯一的陽爻上九，在頭部，所以只有頭能動，身體不能動，所以是中風，陽氣已走到極位，病危之兆。

事實：當日晚間往生。

【例二十四】　子月某女問他有意於我嗎？

遇䷗復卦。

斷曰：老女長男，問感情屬吉，雙方互相還沒表達，一陽始生，蘊釀中。

【例二十五】　卯月某男問生意？

遇無妄䷘之䷅訟卦。

斷曰：無妄六三：「無妄之災，或繫之牛，行人之得，邑人之災。」占得無妄之訟，多受牽累而導致損失，宜防口舌官非。木旺被剋，生意平平，互漸卦，到夏季逐漸好轉。

事實：春季生意清淡，被倒債，入夏後漸漸好轉。

【例二十六】　某問學太極拳之成效如何？

遇大畜䷙之䷊泰卦。

斷曰：大畜之泰，上爻動，外卦動，內卦靜，本身沒有什麼改變，外卦本來是山，變為地，為順，變前變後都是土生金，所以，練太極拳對他的身體沒有太多功效，但也都是好的，因為是土生金。

【例二十七】 二〇〇四年十月二十四日某問所經營事業如何？遇䷚頤卦。

斷曰：山雷頤，事業有進展希望，時間未必配合，互坤卦，過程中變化很大，外卦艮土，時秋洩土氣，結果沒太大收益，所以依目前做下去就好了，不要有太大開創動作，主要是加強自己的實力。

【例二十八】 一八〇四年 羅濟善的太太懷孕六個月，上二樓時不慎跌下，趕緊送往醫院檢查治療。一八〇五年二月預產期到了卻無生產跡象，到了三月二日，月經卻來了，驚懼之餘，羅濟善為其夫人占卜遇大過䷛之䷌同人卦。

斷曰：大過表示時間過去很多，本該臨盆的二月已過，就此卦看，是表示三月也會過去的意思。變卦同人，同人就是同自己一樣的人，由此可見乾（同人的外卦）的四月，到離（同人的內卦）的夏季才會產下和我一樣的男孩。該年四月十日入節，因此判斷四月十日是生產日。

事實：果然於四月十日生產。

【例二十九】 某男問健康。

遇坎䷜之䷻節卦。

斷曰：坎為心病，目前體質虛弱，應是自己疑東疑西，心理造成身理的不適，只要告訴自己這是小病，安心養病，還快就能恢復健康。

事實：其人寬心後，果然慢慢恢復健康。

【例三十】 卦例欣賞（尚秉和）

民國以後，尚秉和在國民政府裡擔任職工，做了好一陣子，也算是有些地位，當時于右任被提名去做政府官員，有人問尚秉和，于右任究竟會不會到任？

遇䷝離卦。

斷曰：此卦在十一月十四日問，此時為冬季無火，離卦有文明之象，應該很威風，但此卦下互卦為風，木生火，再往上走，上互卦為兌，兌為毀折、為決定，有段時間會有進退之象，不曉得要不要往前，第二、三、四、五爻為大坎卦，表示由下互卦到上互卦間，有些事情是隱藏的，不曉得他在想什麼，最後到上互卦，為毀折，意思就是不做，不就任了。

事實：當時于右任接到聘書後，有段時間頗為猶豫，本來官方已宣布于右任於二十六日上任，但二十六日時于右任卻決定不做了。

【例三十一】　二〇〇四年十月二十日某問：調職至南部工作如何？

遇䷞咸卦。

斷曰：澤山咸，上兌下艮，現為秋，金旺，土生金，外局變化大，下立刻決定，調職是有利的，目前的工作已沒啥變動可能，調職後會還有好的發展，人生會開心許多。

【例三十二】 戌月某男問隊方喜歡我嗎？

遇恆䷟之䷿未濟卦。

斷曰：雷風恆，巽木震木比和兒而休囚，兩人感情相當，目下平穩，變卦未濟，男之窮，終將分手。

事實：每次出遊，對方寡言，或言不及感情之事。某日男突然攤牌，女方竟吐露愛意，至此以後男方卻意興闌珊。

【例三十三】 卦例欣賞（日本・高島呑象）

某友人問商業之盛衰？

遇遯䷠之䷋否卦。

斷曰：遯九三：「繫遯，有疾厲，畜臣妾吉。」問商業，表示預定的貨物將持續跌價，為避免這種虧損，與其珍惜訂金，不如犧牲訂金，放棄買進。倘若三心二意，只會拖延時間，擴大損失。「繫遯」即發現交易失敗，而仍不願抽身之意；「有疾厲」則表示過份珍惜訂金；「畜臣妾吉」則是說，調心態，因時制宜，家庭事業均能保全無虞。

【例三十四】　二〇〇七年一月二十二日某男問：其女會接手友人託交經營的安親班嗎？

遇大壯䷡之䷪夬卦。

斷曰：大壯：利貞。六五：喪羊于易，無悔。大壯四月消息卦，大象兌，毀折之象，故曰：大壯傷也！故有雜卦「大壯則止」之語。不會接管。

事實：因並非第一興趣所在，幾經考慮，二週後已經婉拒。

【例三十五】　某學子問升學考甲高中之吉凶？

遇䷢晉卦。

斷曰：火地晉，外卦生內卦，吉，晉，進也，旭日初升之吉象，問升學可成。

事實：果然！榜上有名。

【例三十六】　卯月某男她喜歡我嗎？

遇明夷䷣之䷁坤卦。

斷曰：離火生坤土，對方喜歡你。互解卦，坎水生震木，現是春季木旺，震木必動來剋坤土，對方會有實際行動，變卦八純卦坤休囚，兩人終將不了了之。

事實：女方曾圖獻身未果後，兩人從此就自然分手了。

【例三十七】　二〇〇〇年三月二十五日某男問：離職創業吉凶？

遇䷤家人卦。

斷曰：春季外卦木旺生內卦，巽為利市三倍，問創業可獲利也。

序卦傳：「進必有所傷，故受之以明夷；夷者傷也。傷於外者，必反其家，故受之以家人。」前有明夷之傷，為公司付出多，回報少，才有今日之「返其家」，為自己的事業打拼。

事實：其人不得上司賞識，離職後從事貿易獲利不少。

【例三十八】　二〇〇四年十二月二十二日某女問：寒假美國之行會成行嗎？

遇睽䷥之䷉履卦。

斷曰：若是兩女同行，則必有波折。

事實：某女預定與母同往，目的確是去探望家人，也想留在那過年度個假，放鬆身心，後因某女個人因素取消行程，其母一人獨往。

【例三十九】　卦例欣賞（日本）

一九五四年，日本輿論焦點於何人擔任日本下屆首相時，某易家占問遇䷦蹇卦。

斷曰：蹇卦有「足不便者越山」之意，故足部不太方便的鳩山可能榮登首相寶座。

事實：果然鳩山任日本首相。

【例四十】 辰月某男問時運。

遇解䷧之䷪夬卦。

斷曰：內外卦休囚，人緣不佳且現有關係鬆弛冷退之象。「解」「夬」，解開、斷決，夬卦，外有毀折之象，乾剛健，辛苦一場反招怨懟。宜放下身段，謙柔處世，才能改轉現況。

事實：此人吝嗇性剛，常錢財的事情而跟朋友交惡。

【例四十一】 二〇〇六年五月十三日某問：友人母親病危能否安然度過？

遇損䷨之䷒臨卦。

斷曰：山澤損體卦金，夏火旺剋金，為急症，動上爻頭部大象離心火，斷是腦溢血，互卦地雷復，其中有暫時好轉之象，變卦臨，互卦復，大象皆為震木，本體金被火剋，本卦大象火亦剋，餘卦皆木生火，月日亦火，剋而無救，故凶多吉少也。

事實：友人母親醫院診斷為腦中風跌倒，腦顱受傷，腦內充血，於十五日往生。

【例四十二】 二〇〇六年十月三日某同事因違反公司規定，被業管主官發現，依規要記過，問會被提報懲處嗎？

遇益䷩之䷼中孚卦。

斷曰：益六二中正，巽震同氣，該主官與事主應是同一觀點，不想事態擴大也，應可免於小過之處分。

事實：果然，不了了之。該主官僅電話某同事直屬上司，要其嚴加考核而已。

【例四十三】 卦例欣賞（日本）徒卜師出行吉凶。

遇䷪夬卦。

佐久間象山是江戶時代著名西洋學者，在易學方面也有極高造詣，因此每遇事，常自卜以為趨避。

某日，一橋公邀請象山前往京都，象山未卜直往。其門徒北澤正義感到納悶，探問緣由，象山回答說：「國家之事優於個人之事，縱使此行將遭不測，也要立即趕往才是。」北澤正義擔心師父安危，自己為師父之行占卜，占得澤天夬卦。

孤獨兒而危險的卦！象山仍舊依原定計畫前往京都，未料在歸途中突遇浪人襲擊，而由愛騎摔下。真是卦不欺人啊！

【例四十四】 蘇川生的朋友將婚，蘇先生為其友婚姻占卜吉凶。

遇䷫姤卦。

斷曰：姤：「女壯，勿用取女。」表示這樁婚姻有凶象，有一女配五夫之象，由此可這位小姐是淫奔成性的女孩。

事實：該友在半信半疑下，藉拖延婚期，多方打聽女方底細，果然，不久即獲得有關此女子不好的風評。後來此女的桃色糾紛還上了報。

【例四十五】　卦例欣賞（日本・高島吞象）

一八八八年六月，高島吞象應熱田神宮神職人員之邀，前往該地講演易學。時值連日旱災，農民深以為苦，紛紛要求熱田神宮代為祈雨，高島觀此情形，乃占卜請示神明，遇萃䷬之䷋否卦。

斷曰：「萃，澤上於地」動上爻，表示再過六天將會下雨，而且這場雨為時甚久，可能因此氾濫成災。

事實：果然，第六天該地發生水災。

【例四十六】　未月問某女士有意於我嗎？

遇升䷭之䷯井卦。

斷曰：內卦休囚剋外卦，目前兩人泛泛之交而已。變卦坎水休囚生巽木，日後還是泛泛之交而已。

【例四十七】　卦例欣賞（古例）

清朝紀曉嵐應鄉試時，他的老師為他卜問鄉試吉凶如何？

遇困䷮之䷛大過卦。

事實：第一名紀曉嵐，第二名其姓石，第三名其姓米。

解析：困六三：「困于石，據于蒺藜，入于其宮，不見其妻，凶。」當時紀曉嵐還是讀書的小子，尚無妻室，妻為配偶，「入于其宮」上榜也；「不見其妻」，無有匹配者，榜首也。

另，由卦象看，下卦為自己，本卦☵，變卦☴，變卦可為問事之結果：主爻由坎卦九二，變為巽卦初六，二變一，一即榜首也。

由此占例知卦辭爻辭，要活看活用，不可生搬硬套。另，此卦若是問婚姻，則當作凶斷，這就是象無吉凶，要應事而斷。

【例四十八】 二〇〇七年二月二十八日某女問：某男同事逢輪調他地支援分公司一年之際，成行否？

遇井䷯之䷦蹇卦。

斷曰：蹇難行也，井動三爻而止於內，為該男同事自己沒意願，自止也，井卦用生體，表示該男同事目前的工作順心，所以不會調離現職，

事實：因有其他同事自願調任，所以沒被調動。

【例四十九】　卯月某問轉工吉凶？

遇革䷰之䷍大有卦。

斷曰：革，去故也，問轉工，去舊取新，正是革卦之德，所以轉工好。

事實：其人換了工作後，頗受上司器重。

【例五十】　古占例晁以道占今日之事如何？

遇鼎䷱之䷑蠱卦。

宋代，晁以道在明州船場任職時，每日早晨，都穿戴衣冠焚香占得一卦，看看今天如何。有一天，有個士人來訪，正坐中間有了小雨，以道給他說：「我今天占一卦得到是鼎（上離下巽：火風鼎），有折足的象徵，然而並不是我，由來

客當是，必定靈驗無疑，請您注意提防」，士人不以為然，辭而別去，到了港口，因踐滑而跌倒，足脛幾乎折斷，治療達數月，始癒。

【按】：鼎九四：鼎折足，覆公餗，其形渥，凶。鼎卦是貞我悔彼，即對我有利，對彼不利。折足是四爻象，在外卦，所以折足與晁以道無關。

【例五十一】 卦例欣賞（高明山）

每年冬至，高明山都會占卜自己明年的氣運如何。某年高明山為其位於上海的水泥廠占卜。

遇震䷲之䷶豐卦。

斷曰：震就是大吃一驚的意思，此工廠有員工數百，對於罷工、勞工組織等早有萬全準備，應該沒事才是。高明山在易占方面很有研究，既得此卦，就特別提高警覺。

事實：當年發生大地震，水泥廠的設備如煙囪、鍋爐等被震壞，也有數位員工受傷和死亡，還好由於平常就有防患未然的措施，相較於他廠，損失算是輕微的了。

【例五十二】 一九九三年十二月二十日某女問久病年餘外祖父之病情？

遇艮䷳之䷺渙卦。

斷曰：問病得八純卦大多不吉。艮有床象，久病在床，卦象符合，變卦渙，渙者散也，內卦為病人，艮九三得正，變坎陽二不正又有陷於陰之象，且本卦比和，纏綿病床，變渙則為生出，不利病，時冬水旺，加強生出之象，更是不利。

事實：其外祖父隔日（子日）往生。

【例五十三】 二〇〇四年七月十二日某發現機車不見了，問：找得回來嗎？

遇䷴漸卦。

斷曰：風山漸，上木下土，時值夏季，火旺，木被火洩，外卦力量已弱，內卦艮止，且火生旺艮土，問失物，找回機會很大。

事實：機車被姪輩不告而騎走，後來歸還才知。

【例五十四】 卦例欣賞（日本・高島呑象）

某日，侵藤潮花造訪高島，心血來潮，請卜壽元，高島以「命數不占」婉拒之。潮花失望之餘，自行抽籤占得。

歸妹䷵之䷲震卦。

斷曰：歸妹乃歸魂卦，若今年是二爻，則上爻應是第五年。歸妹上六：「女承筐無實，士刲羊無血，無攸利。」表示家計出現赤字，又有死屍之象，恐怕壽命不超過五年。

事實：侵藤潮花於五年六月後辭世。

【例五十五】 射覆：射洋火柴（尚秉和）

遇豐䷶之䷲震卦。

新年時多閒暇，常常與兒童以射覆為戲。澄孫將一根火柴藏起來令我射，起得雷火豐變為震。我占斷說：「內含火質（豐內卦為離，離為火），上與木連（豐卦二爻至四爻互體為巽，巽為木）。若將其劃動，必會爆發（豐之上為震，變卦亦為震，震為動）。光明閃耀，如雷如電（離為光明，震為雷。）這一定是火柴。」火柴之形就好像見到一樣。豐下之離火上既與互巽木相連，而巽又為直為長為白，因而必非洋火柴不可。而且其用又在震，尤非洋火柴不可。

【例五十六】　卦例欣賞（日本・新井白蛾）

一七五四年一月二十日京都名醫崛玄厚子病情急速惡化，其門徒擔憂，為其卜得旅䷷之䷱鼎卦，請示新井白蛾。

斷曰：旅卦有旅行的意思，但是對病危的人而言，起身旅行乃絕不可能的事，所以此卦表示病人即將踏上死亡之途。

事實：二星期後，崛玄厚子果因病情再度惡化而辭世。

【例五十七】　一九八三年五月十日某女問與丈夫共同創業如何？

遇巽䷸之䷱鼎卦。

斷曰：巽卦比合，夫妻同心，語云：「二人同心，其利斷金。」惟土旺之月，巽卦休囚，可以共同創業，只是辛苦難免。

【例五十八】 卯月某弟問兄氣運。

遇兌䷹之䷜坎卦。

斷曰：兌為重陰之卦，卦氣又是休囚，問男當屬不利，本卦變卦都是八純卦，兌毀折，坎憂心，此卦內憂外患，身體虛耗，唯有保持信心熬到秋季才稍轉好。

事實：其兄正是官司纏身之際，健康不佳，兄弟姊妹也都疏離，目前孤立少援。

【例五十九】 二〇〇五年一月二日某女任職公司遷往大陸，問隨往大陸工作之吉凶?

遇䷺渙卦。

斷曰：風水渙，內卦坎險，有困住的意思，外卦巽風，走到外面有再一次的變動，所以到大陸是好的，去了以後會再變動，好的提昇（水生木），應期在春節過後（巽木，春季）。

【例六十】　二〇〇六年十一月二十一日某女會計問新工作，擔任合資公司財務主管之吉凶如何？

遇節䷻之䷼中孚卦。

斷曰：節有制約之義，其用在合，故雜卦傳云：渙離也，節止也。節卦內卦生外卦，你的加入對公司有莫大幫助，上六動爻在極位，坎險，公司制度有問題已至不得不大的挑戰（坎險），九二九五，上下無應予，商議時態度宜表現柔順，決定之做改變的地步。時令水旺，對你而言，這個職位是蠻大的挑戰（坎險），九二九五，上下無應予，商議時態度宜表現柔順，決定之事則必果斷速行才是。節之用在合，任職後大概有一些單位合併或工作合併的事情要推動吧，此行動要決斷快速才行。此卦辛苦，行事果斷，可以得財。

事實：該女任職後不久，即遭遇前任所用報表之疑難問題，在無人援手下，因靈機一動而豁然開朗。三個月的試用階段，用了一個半月就完成了，提前結束了試用期，並且將其提升為公司的財務總監。

【例六十一】 戌月某男問：女同事中有喜歡我的人嗎？

遇中孚䷼之䷿未濟卦。

斷曰：中孚乃大離卦，逢土旺之月，大文明之象，離者禮也，同事間大家相處融洽守禮儀，風澤正反兌，兩口相向，談笑風生，變卦未濟，故同事間關係良好，但無關風與月也。

【例六十二】 卦例欣賞（翁源）某農夫問氣運。

遇小過䷽之䷎謙卦。

斷曰：你是務農的人，可是，你還兼差砍伐山林樹木，把木材運至街上賣。工作努力，家庭卻不和諧，兄弟不睦，互相爭利，因此，你希望早日和你哥哥分家吧！農夫頻頻點頭稱是說：「哥哥生活放蕩，好吃懶作，常不在家，在家時又常找我麻煩，因此，我打算離家，出外謀生，故來請教。」翁源告訴農夫：「不可離家到他鄉謀生，若不聽我的話，將來還是會因兄之關係，重返家裡。因為此卦顯示你必須負起持家的責任，既然如此，你又何必離家呢？繼續留守家園較好。」

事實：農夫因受不了哥哥虐待，不久就離家了，然而離家不久，就得到哥哥的死訊，所以回家繼承父業。

【例六十三】　卦例欣賞（日本・新井白蛾）

一七五三年七月十二日　一或僧人拜訪新井白蛾，請示說：「洛南東福寺永明院的開山鼻祖圓鑑禪師逝世四百四十六年，但至今無人知道他的墓地所在。坊間流傳兩種說法，其一表示位於深草的圓鑑宅第；其二則說葬在祇園的隱居所中，正確位置究竟如何，請先生明？」

遇既濟䷾之䷄需卦。

斷曰：「既濟之需」表示墓地位於東福寺北方溼地的稍高之處，不過棺木中只有金屬物。由於棺木上方覆蓋了許多雜物，所以不易發現與挖掘。

事實：一或僧人前往該處勘查，但見巨松盤踞其上，由於根部深入地下，的確不易挖掘，因此益信新井白蛾所言，隨即招來數名工人進行挖掘。結果發現一具石槨，藏放其內的棺木已經腐朽，只餘三支鐵釘與一只鐵質香爐。

【例六十四】 射覆：射琉璃印色盒（尚秉和）

遇䷿未濟卦。

斷曰：圓如日（未濟之上為離，離為日），白似月（未濟之下卦為坎，坎為月），外見光明（離為光明，在外卦），內孕赤血（坎為赤為血，在內卦），網羅重重（離為網羅，重離故曰網羅重重），矯揉造作（坎為矯柔）。這大概就是琉璃印色盒。

啟覆視之，果然是琉璃印色盒。

作者介紹

林幾　號易廬主人，生長於風城，畢業於新竹中學，成大人，台大工學碩士，沈浮台北紅塵的科技人。

熱愛中華大化，浸淫二十餘載，自得而不求聞達，然人生際遇，有不得不為之因緣，斯有野人獻曝之果行。

命理諮詢，人生探討，

風水易卦，趨吉避凶。

學生、社會新鮮人、清貧人士，隨緣收費。

聯絡方式：電話　0918-693093

電郵　for7teller@yahoo.com.tw

國家圖書館出版品預行編目資料

易學占卜人人通／林　幾　編著
——初版，——臺北市，大展，2007〔民96〕
面；21公分，——（命理與預言；76）
ISBN　978-957-468-560-8（平裝）
1. 易占
292.1　　96012786

易學占卜人人通　ISBN 978-957-468-560-8

編　　著／林　　幾
發 行 人／蔡 森 明
出 版 者／大展出版社有限公司
社　　址／台北市北投區（石牌）致遠一路2段12巷1號
電　　話／（02）28236031・28236033・28233123
傳　　眞／（02）28272069
郵政劃撥／01669551
網　　址／www.dah-jaan.com.tw
E－mail／service@dah-jaan.com.tw
登 記 證／局版臺業字第2171號
承 印 者／高星印刷品行
裝　　訂／建鑫裝訂有限公司
排 版 者／弘益電腦排版有限公司
初版1刷／2007年（民96年）9月

定　價／220元